1. Auflage Januar 2012

Veröffentlicht im piepmatz Verlag, Sandra Vogel, Rosenberg
Copyright © 2011 by piepmatz Verlag, Sandra Vogel
»Logbook – Geheimnisse einer Kreuzfahrt«
Umschlaggestaltung: piepmatz Design, Sandra Vogel
Layout: piepmatz Design, Sandra Vogel
Gesamtherstellung: Druckhaus AJSp, LT-Vilnius
Printed in Lithuania

ISBN 978-3-942786-13-3

Michael Meißner

LOGBOOK
GEHEIMNISSE EINER KREUZFAHRT

Das Leben der Crew auf einem Kreuzfahrtschiff

piepmatz

INHALT

06 .... Vorwort
Was Sie über mich wissen sollten. Und ein paar kleine Fakten über die Kreuzfahrtindustrie.

11 .... Angeheuert
Korrupte Agenturen. Und: Was verdient man eigentlich so als Kellner oder Koch?

17 .... Tag des Aufstieges
Von der Anreise über die ersten Momente an Bord bis hin zum ersten Arbeitstag.

25 .... Seenothilfe – Rette sich, wer kann
Ob als Feuerwehrmann oder Schlafmütze.

30 .... Lenny. Wie ein Hurrikan für Trouble sorgte
Wie er uns den Magen verdrehte und für jede Menge Chaos verantwortlich war.

37 .... U.S.P.H. – United State Public Health
Über Kontrollen und Maßnahmen, diese zu bestehen.

43 .... Monkey Business
Alles rund um Geschäfte, von denen die Steuerbehörden besser nichts wissen sollten.

59 .... **Wo bleibt der Doktor?**
Ob Bein gebrochen oder tot im Sessel, er ist immer für uns da.

66 .... **Wilde Partys und Zweisamkeit**
Ist die Crew wirklich nur am Arbeiten?

73 .... **Hilfe, wo ist nur mein Pass geblieben?**
Oder: wie man am schnellsten seinen Pass verliert.

79 .... **Schwule und Lesben erobern die Weltmeere**
Eine Kreuzfahrt der besonderen Art.

87 .... **Was die Crew an den Passagieren nervt**
Oder besser gesagt, wie sich Passagiere verhalten sollten, um uns das Leben leichter zu machen.

94 .... **Kochrezepte from around the world**
Eine kleine Sammlung meiner Lieblingsrezepte, die mich auf den Reisen so begeisterten, dass sie in diesem Buch nicht fehlen dürfen.

Vorwort

Wer jetzt denkt »Oh mein Gott, schon wieder eine dieser Lebensgeschichten mit Geschichten wie aus dem Märchenbuch und Fakten, die mindestens zur Hälfte nicht zutreffen«, dem sei kurz und knapp gesagt, dass er FAST richtig liegt. Einen Unterschied gibt es dann allerdings doch: Alle Geschichten in diesem Buch, so unglaublich sie auch scheinen mögen, entsprechen der vollen Wahrheit. Rein gar nichts wurde weggelassen oder dazu addiert. Es erscheint mir wichtig, Ihnen, dem Leser, einen kurzen, aber interessanten Einblick in die Kreuzfahrtindustrie zu geben.

Dieses Buch ist allen denen gewidmet, die sich während ihrer letzten Kreuzfahrt wunderten und fragten, wo und wie das Essen für so viele Gäste gekocht wird.
    Die sich ebenso fragten, wo eigentlich die gesamte Besatzung schläft und die nur zu gerne wissen wollten, was der nette Kellner, der sie die ganze Woche über so zuvorkommend bedient hat, in Wirklichkeit über sie denkt.
    Auch gibt dieses Buch all jenen einen guten Einblick, die schon immer mal davon geträumt haben, selbst auf einem dieser Ozeanriesen zu arbeiten. Was für Erfahrungen braucht man, um so eine Stelle zu bekommen und, was noch viel spannender ist, wie sieht es mit der Kohle aus, die jeden Monat auf das Konto wandert?

Wer in diesem Buch Antworten darauf sucht, wie viel Strom ein Kreuzfahrtschiff erzeugt oder verbraucht, wer sich Längenangaben von oben nach unten und andere technische Aussagen erhofft, der wird leider enttäuscht werden.
    Zwar sind manche dieser Zahlen recht interessant, aber sie gehören nicht in dieses Buch und sind ohnehin über das Internet leicht herauszufinden.

Wer aber schreibt eigentlich dieses Buch?

Nun, mein Name ist Michael Meißner und alles fing damit an, dass ich 1996 meine Ausbildung zum Koch beendet habe. Schnell begriff ich, dass dieser Beruf ideal dazu ist, recht einfach um die Welt zu kommen und diese nicht nur zu sehen, sondern auch zu *erleben*. Nachdem ich in die Bundeswehr eingezogen worden war und meine Pflicht gegenüber dem Staat absolviert hatte, verschlug es mich im November 1999 an Bord des wohl bekanntesten deutschen Kreuzfahrtschiffes. Damals gab es gerade mal ein Schiff, und mit der Idee eines Clubschiffes und dem entsprechenden Erfolg wurde daraus ein paar Jahre später eine ganze Flotte.

Momentan durchkreuzen neun Ozeanriesen für die Reederei die Weltmeere.

Nachdem der Kreuzfahrtsektor das »Senioren-Image« abgelegt hatte, verzeichnete er kontinuierlich hohe Wachstumsraten – mehr als jeder andere Bereich in der Tourismusbranche. Alleine im Jahr 2009 erzielten die Kreuzfahrtschiffe dieser Reederei einen Umsatz von 722,1 Millionen Euro.

Das Rezept hierfür ist denkbar einfach: Man nehme ein Schiff, packe es voll mit allem erdenklichen Schnickschnack, mit Entertainment und vor allem mit speziellen Angeboten für Kinder. Nach dem ersten Erfolg kaufe man gleich eine ganze Flotte von Schiffen, senke dadurch den Preis für Kreuzfahrten, sodass auch Otto Normalverbraucher sich eine Reise leisten kann – und fertig, Erfolg auf der ganzen Linie.

Das derzeitige Wachstum der Kreuzfahrtbranche liegt bei unglaublichen zehn Prozent im Jahr. Alleine im Jahr 2006 erfüllten sich über eine Million Deutsche den Traum von einer Kreuzfahrt. Ein Ende dieser Erfolgsgeschichte ist nicht abzusehen. Amerikanische Reedereien wie »Royal Caribbean« bauen wahre Ozean-Giganten, die auf 16 Etagen bis zu 5400 Gäste beherbergen können.

Nach einem ersten sechsmonatigen Vertrag auf einem Kreuzfahrtschiff verschlug es mich in ein Restaurant auf der karibischen Insel Aruba. Danach arbeitete ich unter anderem für das »Hilton« in Los Angeles, das »Waikoloa Hilton Resort« auf Hawaii, »Hilton Auckland« und einige namhafte Hotels in der Schweiz und Deutschland. Später verschlug es mich auf zwei andere Ozeanriesen, unter anderem auf die Königin der Schiffe, die nach meiner Ansicht an Pracht und »Glory« nicht zu überbieten ist.

Seit Januar 2009 lebe ich nun mit meiner Partnerin in Auckland, Neuseeland und genieße die Lebensart der »Kiwis«. Aber keine Sorge, auch hier wird gearbeitet, um die monatlich anfallenden Kosten zu decken, denn auch hier gilt: Ohne Moos nix los.

Aber weg mit Statistiken und Fakten, denn darum geht es in diesem Buch nun wirklich nicht. Vielmehr geht es um das, was hinter den Türen geschieht, hinter die Passagiere normalerweise keinen Blick werfen können.

Ganz genau dort gibt es nämlich ein wahres Imperium, bestehend aus kleinen und großen Geschäftsideen und aus Machtspielen, und es gibt dort jede Menge Zündstoff für Storys, die zum Nachdenken, aber auch zum Schmunzeln anregen.

Die in diesem Buch zusammengetragenen Geschichten beruhen auf der Wahrheit und auf Erlebnissen, die ich selbst auf den bekanntesten Schiffen der Meere und gemeinsam mit meiner Partnerin erlebt habe.

Ausdrücklich sei hier gesagt, dass ich niemandem Schaden zufügen möchte und ebenso wenig habe ich mit jemandem abzurechnen. Dieses Buch dient allein der Unterhaltung, soll aber auch speziell all die Leute zum Nachdenken anregen, die selbst davon träumen, auf einem Kreuzfahrtschiff zu arbeiten oder die einfach nur einen Blick hinter die Kulissen werfen möchten. Aus diesem Grund sind einige Namen geändert worden und Schiffe wurden kurzerhand von mir umgetauft, um die Anonymität zu gewährleisten. Es darf bitte auch nicht vergessen werden, dass ich hier aus dem Blickwinkel der Crew schreibe.

Vor drei Jahren haben meine Partnerin und ich uns, gemeinsam mit den Eltern, selbst einmal den Luxus einer Kreuzfahrt gegönnt. So haben wir auch einmal den anderen Blickwinkel erlebt und wir können es jedem nur weiterempfehlen. Ein Riesenangebot an Restaurants und Entertainment lassen keine Wünsche offen und die Vorstellung, sich jeden Morgen auf wundersame Weise in einem neuen Hafen, vielleicht auch einem ganz anderen Land zu befinden, ist einfach großartig. Konnte man sich an einem Tag noch Englisch und dem klitzekleinen Sprachschatz, der aus fernen Schulzeiten noch im Gedächtnis geblieben ist, verständigen, wusste man am nächsten Tag gar nicht so recht, welche Sprache nötig sein würde, um zu kommunizieren und den Strand zu erreichen.

Lassen Sie mich nun aber die Tür öffnen, an der den Passagieren sonst das Schild »Crew only« den Zutritt versperrt.

Da, wo keine bunten Designs an den Wänden eine wohlige Atmosphäre zaubern, sondern wo die Wände in einem kahlen, verblassten Gelb gestrichen sind, wo die Treppen steiler und die Mahlzeiten schlechter werden, wo die Arbeitsstunden unendlich erscheinen und die Sitten rauer werden.

Herzlich willkommen an Bord!

Angeheuert

So, wie die Anzahl der Kreuzfahrtschiffe von Jahr zu Jahr steigt, so muss auch der Bedarf an Mitarbeitern gedeckt werden. Auf die Weise entstand in den letzten Jahren ein wahrer Boom an freien Arbeitsstellen auf Kreuzfahrtschiffen, die auf unzähligen Internetseiten zur Auswahl gestellt werden.

Um auf Schiffen anzuheuern, gibt es heute viele Wege. Zum einen kann man sich direkt an die Reedereien wenden oder man wendet sich an Agenturen. Bei Letzterem ist allerdings Vorsicht geboten, da es viele schwarze Schafe unter ihnen gibt, die für die Aufnahme in eine ominöse Kartei Geld verlangen, ohne dass am Ende ein Job dabei herauskommt. Wird man aber doch vermittelt, hat die Agentur nicht nur das Geld des Arbeitsuchenden einkassiert, sondern bekommt bei einem Vertragsabschluss mit einem der unzähligen Kreuzfahrtunternehmen ein »Kopfgeld« obendrauf.

So vielfältig die Schiffe sind, so vielfältig sind auch die Jobs an Bord. Ob Tellerwäscher, Elektriker, Musiker, Offizier, Koch, für jede Qualifikation gibt es den passenden Job. Der einzige Abstrich, der zu machen ist: Ohne Schiffserfahrung fängt jeder klein an. Es sei denn, und es tut mir leid, dieses Klischee bedienen zu müssen, man ist weiblich, hat eine große Oberweite und ist im Service tätig. Mit ein paar bereitwilligen Diensten dem Restaurant-Manager gegenüber ist man schnell der lukrativen Position als »Waiter/Waitress« (Kellner/in) einen Schritt näher und kann ohne große Berufserfahrung gutes Geld verdienen.

Servicemitarbeiter bekommen einen Grundlohn von durchschnittlich 50 US-Dollar pro Monat, man kann allerdings mit einem garantierten Lohn rechnen, der von der Reederei und der Trinkgeldfreudigkeit der Passagiere abhängig ist und um die 1700 US-Dollar beträgt. Der größte Teil des Gehaltes bei Servicekräften stammt aus einem Trinkgeld-Pool. Das gesamte

Trinkgeld wird gesammelt und unter allen Restaurantmitarbeitern aufgeteilt, wobei es selbstverständlich von der Position abhängig ist, wie hoch der jeweilige Anteil ist. Trinkgelder sind auf den Kreuzfahrtschiffen Pflicht und werden automatisch jedem Gast auf die Zimmerrechnung gebucht. Natürlich hat jeder die Möglichkeit, sein Trinkgeld zu stornieren oder aufzupeppen. Sollten sich Passagiere dazu entscheiden, das Trinkgeld am Ende der Reise zu stornieren, weil sie zutiefst unglücklich mit dem Service gewesen sind, können sie das selbstverständlich veranlassen, was dann aber dazu führt, dass weniger im gesamten Pool zur Verfügung steht. Auf dieses Thema werde ich später aber noch einmal ein wenig ausführlicher eingehen.

Natürlich spielt die Herkunft der Gäste eine große Rolle, denn wo Amerikaner immer und überall gerne Trinkgeld geben (weil das in den USA einfach »Pflicht« ist), sind wir Deutsche nicht wirklich dafür bekannt. Die Zusammensetzung der Passagiere hat demnach einen großen Einfluss auf die gesamte Summe im Trinkgeld-Pool.

Was das Gehalt auf dem Schiff angeht, gibt es viele Gesichtspunkte zu bedenken. Zum einen ist der Job selbst natürlich ausschlaggebend, aber auch die Herkunft der Arbeitnehmer. Ein philippinischer Koch in gehobener Position – nehmen wir an, er ist »first cook« (»chef de partie« in der Fachsprache), also ein Koch, der für seine eigene Sektion verantwortlich ist) – bekommt gut und gerne 1600 US-Dollar pro Monat; für eine vergleichbare Position streicht ein deutscher Koch hingegen 3500 US-Dollar ein.

Hier merkt man schnell, dass die sozialen Lebensumstände im Heimatland ausschlaggebend sind, natürlich aber auch die Ausbildung und der Erfahrungsschatz.

Auf den Philippinen kostet ein Haus aus Stein um die 10.000 US-Dollar. Wir sprechen hierbei von sehr guten mittelständischen bis gehobenen Lebensverhältnissen, meistens gehört die Haushälterin hier auch gleich dazu.

In Deutschland bekommt man für dieses Geld nicht einmal das Bauland und ist somit gezwungen, einige Jahre länger für sein Haus zu arbeiten.

Ein Grundgehalt als Koch in Manila, der Hauptstadt der Philippinen, beträgt im Schnitt 100 Dollar im Monat. Somit macht das Gehalt auf Kreuzfahrtschiffen den sechzehnfachen Wert aus, was einfach ein riesiger Unterschied ist. In Deutschland verdient ein guter Koch in mittlerer Position um die 1500 Euro netto (das aber in einem umsatzstarken Haus), was im Vergleich zum Gehalt oder, um in der Seefahrtssprache zu bleiben, Sold gerade mal den doppelten Wert ausmacht.

Unser philippinischer Pastry Chef (zuständig für alles Süße und die Brote) verdiente 2500 US-Dollar. Aufgrund eines Gesprächs erfuhr ich ein wenig über seine Lebensumstände und konnte mir ein gutes Bild von ihm machen. Zu seinem Besitz zählte ein Haus mit sechs Schlafzimmern in einer gehobenen Wohngegend. Die Ehefrau, deren Lebensaufgabe es war, sich um die vier Kinder zu kümmern, eine Haushälterin und zwei Autos nannte er ebenfalls sein Eigen.

Ehrlich gesagt kenne ich keinen anderen Koch, der sich so etwas leisten kann, es sei denn, man heißt Gordon Ramsay oder vielleicht Tim Mälzer (falls der überhaupt Kinder hat).

Aber hat man nun erst einmal einen der begehrten Verträge in den Händen, steht dem weiten Ozean und den vielen Destinationen nicht mehr viel im Weg ... mal abgesehen von den medizinischen Untersuchungen, denn ohne Schiffstauglichkeit geht niemand an Bord. Die Kosten dafür trägt man bei den meisten Reedereien selbst, einige Reedereien erstatten diese Ausgaben jedoch nach einiger Zeit.

Natürlich ist der Arzt nicht frei wählbar, da eine spezielle Zusatzausbildung nötig ist. Mit etwas Glück befindet sich ein geeigneter Arzt nur ein paar hundert Kilometer vom Wohnort entfernt. Wir mussten »mal eben« von Erfurt nach Berlin fahren. Aber beschweren möchte ich mich nicht, haben wir die Gelegenheit doch gleich genutzt und noch einen alten Freund besucht, mit dem ich auf Hawaii gearbeitet habe.

Die Vorteile des Arbeitens auf Schiffen liegen auf der Hand: Alle Gehälter sind steuerfrei, Nebenkosten gibt es keine, Unterkunft und Essen sind frei.

Dazu gibt es ein großes Angebot an Unterhaltung für die Crew, ob es nun eine eigene Disco, Bars, Filmabende, Feiern oder spezielle Crew-Ausflüge sind. Dazu bekommt man mit seiner Crew-Bordkarte an fast allen Destinationen ansprechende Rabatte in Geschäften und bei Ausflügen.

Zum Thema Ausflüge sei kurz erwähnt, dass jeder in seiner Freizeit das Schiff verlassen kann, um zum Beispiel kleine Trips zu abgelegenen Orten zu unternehmen. Wie viel Zeit hier jedem zur Verfügung steht, hängt vom Job ab oder wie clever man es anstellt.

Crew-Mitglieder, die nachts arbeiten, können somit, sofern sie es mit der nötigen Schlafphase vereinbaren können, alle Vorzüge der Kreuzfahrt genießen. Bei einem Durchschnitt von 10 Stunden Arbeit – und das auf zwei oder drei Schichten verteilt –, erkennt man schnell, dass nicht sehr viel Zeit für den Ausgang bleibt. Aber es gibt andere Möglichkeiten, seinen Landaufenthalt angenehm zu gestalten, dazu aber ein wenig später.

Wem der Landausflug zu anstrengend ist oder wer einfach keine Lust verspürt, einen verregneten Tag in der Karibik zu verbringen, der kann die anderen Vorzüge auf Kreuzfahrtschiffen in vollen Zügen genießen. Reedereien setzen sehr viel daran, den Besatzungsmitgliedern so viel Abwechslung wie möglich zu bieten. Dazu gibt es neben Internetzugang, Fitnesscenter,

Discotheken und Sonnendecks auf den meisten Schiffen auch Pool und Jacuzzi.

Ein abwechslungsreiches Programm sorgt für Motivation und gute Stimmung, zum Beispiel finden immer wieder Discoabende zu verschiedenen Themen statt, auch Kino- und Spieleabende finden in regelmäßigen Abständen statt.

Wem der Trubel zu viel ist, dem empfehle ich, nach getaner Arbeit auf ein offenes Deck zu gehen und mit einer Flasche Wein den Sternenhimmel zu genießen. Aber nicht vergessen, ein Geheimtipp ist dies nicht und somit sind gute Plätze meistens schon besetzt.

Sehr oft trifft man sich auch mit seinen Landesgenossen auf ein Bier in einer der Crew-Bars, um dort den Arbeitstag ausklingen zu lassen.

Es ist wichtig, sich seine Energie richtig einzuteilen, um die ganze Dauer seines Vertrags mit Spaß zu überstehen.

Die Arbeitsverträge sind so vielfältig wie die Kulturen; für Deutsche und die meisten Europäer dauern sie im Schnitt sechs Monate am Stück. Andere Länder müssen bis zu zehn Monate arbeiten, aber auch von Verträgen über zwölf Monate habe ich gehört.

Eine Arbeitswoche hat sieben Tage, freie Tage sind dabei ein Fremdwort, da man schließlich nicht zum Urlaub an Bord gekommen ist.

Die weite Welt sehen, Geld verdienen und viel Spaß haben, das war meine Vorstellung vom Schiffsalltag, aber einmal angeheuert, gab es kein zurück mehr und die Realität sah oft anders aus.

Ein Gast fragte mal:

»Wird der Strom an Bord des Schiffes erzeugt?«

Das Besatzungsmitglied, anscheinend schon genervt

von einem mehrstündigen Arbeitstag, antwortete:

»Nein, das Schiff zieht immer

ein Verlängerungskabel mit sich.«

Tag des Aufstieges

Den Flug zum Standpunkt, an dem das Schiff gerade anliegt, zahlt in der Regel immer die Reederei. Wer aber vor Ablauf seines Vertrages kündigt, ist für den Flug zurück nach Hause meistens selbst verantwortlich und das kann, je nach Standort, recht teuer werden. Natürlich wird man zum Flughafen gebracht, und auch alle anderen Formalitäten werden erledigt. Trotzdem kommt einem die Rechnung für den Flug später teuer zu Buche und es ist somit gut zu überlegen, ob man wirklich bereit ist, den Schritt aufs Schiff zu gehen. Es kann nämlich unter Umständen eine Menge Strapazen mit sich bringen und es gibt nicht viele, denen etwas an den eigenen Problemen liegt. Der Begriff »Teamarbeit« ist leicht ausgesprochen, aber schwer umgesetzt, jeder kämpft für sich. In den Restaurants versucht jeder, seine Arbeit mit dem wenigsten Widerstand zu erledigen. Wer hier hinterherhinkt, bleibt auf der Strecke. Freundschaften gibt es meistens nur mit jenen, die die eigene Sprache sprechen, ansonsten braucht es den Zufall und einen Funken Zuneigung.

Es ist also nicht ungewöhnlich, dass die Crew-Mitglieder aus demselben Land unter sich bleiben und miteinander die Freizeit verbringen.

In der Regel sind Schiffe über Nacht auf See, um in den frühen Morgenstunden das nächste Reiseziel zu erreichen. Das ist dann auch der Zeitpunkt, an dem neue Passagiere an Bord kommen und andere aussteigen. Das trifft so auch für die Besatzung zu und es kommt in fast jedem Hafen vor, dass neue Besatzungsmitglieder an Bord kommen. Um einen schnellen und reibungslosen Zeitplan zu gewährleisten, ist man meistens eine Nacht vor dem Aufstieg vor Ort. Untergebracht ist man dann in einem ausgesuchten Hotel, in dem sich schon Dutzende von neuen und alten Crew-Mitgliedern in kulturellen Gruppen versammeln, um auf den nächsten Tag zu warten.

Da ich mich mit meiner Lebenspartnerin zusammen beworben hatte, hätte man ja annehmen können, dass uns ein gemeinsames Zimmer zugeteilt wird. Dem war aber nicht so, es schien den Verantwortlichen sogar recht egal zu sein, und auch nach einer Unterredung mit der Rezeptionsmitarbeiterin war daran nicht viel zu ändern. Somit durfte sich meine Partnerin ein Doppelbett mit einer völlig Fremden teilen, ich meinerseits hatte ein wenig Glück, denn in meinem Zimmer gab es wenigstens getrennte Betten. Nun mal ehrlich, wer will schon eine Decke mit jemandem teilen, den er nicht kennt? Und abgesehen davon ist man auch nicht mehr sechzehn Jahre alt.

Immerhin füllte zu später Stunde ein ausreichendes Dinner unsere Mägen und verhalf uns zu einem guten Schlaf, den wir auch dringend nötig hatten.

Der nächste Tag begann sehr früh, bereits um fünf Uhr ratterte der Wecker. Mühsam begab ich mich ins Bad, um mich auf einen sehr aufregenden Tag vorzubereiten. Meine Freundin und ich trafen uns zum Frühstück im Restaurant, wo sich auch alle anderen Crew-Mitglieder versammelten. Sie kamen aus aller Welt, ob nun aus Mexico oder Indien. Sehr leicht war es auszumachen, für wen es das erste Mal an Bord sein würde. Sehr viele Leute kannten sich schon von anderen Reisen und für sie war der Aufstieg einfach Alltag geworden.

Im Gegensatz dazu saßen alle »Neulinge« an einzelnen Tischen und verschlangen schweigend ihr Frühstück. Die Augen wurden immer größer und ein dauernder Blick auf die Uhr verriet Nervosität. An einem dieser Tische konnten wir eine andere Person aus Deutschland ausmachen und tauschten uns kurz aus, woher man kam und wo man zuvor schon überall gearbeitet hatte. Später auf dieser Reise verbrachten wir, wenn es unser Dienstplan erlaubte, ein wenig Zeit miteinander. Unser Frühstück glänzte im amerikanischen Stil, bestehend aus Hash brown, einer Art Rösti, die in der Fritteuse zur Fettschleuder werden, matschigen Tomaten aus dem Ofen und Rühreiern, die fernab jeder guten Kochkunst im Rechaud vor sich hin blubberten. Dazu gab es noch kleine Würstchen, die in Deutschland nicht mal den Namen Würstchen verdient gehabt hätten, aber mit jeder Menge Ketchup gerade so genießbar wurden.

Draußen warteten dann gegen sechs Uhr auch schon sechs Busse, um die Crew-Mitglieder zum Hafen zu fahren.

Riesige Kofferberge wuchsen vor dem Hoteleingang, eine Unmenge von Menschen versammelte sich vor den Bussen und wir spürten eine nervöse Unruhe in der Luft. Oder war es einfach nur unsere Angst vor dem Unbekannten?

Ich hatte das Gefühl, jeder kannte jeden, und wen kannten wir ...? NIEMANDEN. Außer der netten Person, die wir zuvor beim Frühstück kennengelernt, aber zu diesem Zeitpunkt aus dem Blick verloren hatten.

Welcher Bus ist der richtige?

Wo müssen wir uns melden?

Wann fuhren die Busse eigentlich ab?

Eine Menge Fragen und Gedanken schossen durch meinen Kopf, aber nach einem kurzen Durchatmen ging ich zielstrebig auf eine Person zu, die mir als wichtig erschien. Meine Partnerin und ich wurden auf Listen abgehakt, was uns einen Platz in einem der vielen Busse sicherte.

Nach einer Stunde Fahrt zum Hafen hatte ein Gefühl aus Angst und Neugier meinen Körper voll im Griff. Von Freude gab es zu diesem Zeitpunkt noch kein Anzeichen. Ich fing an zu zweifeln, ob es eine gute Idee gewesen war, diesen Schritt zu gehen. Natürlich zeigte ich keine Schwäche gegenüber meiner Freundin, da auch sie von gemischten Gefühlen überrannt wurde.

Nachdem alle den Bus verlassen hatten, versammelten wir uns auf einem Platz, unsere Pässe wurden kontrolliert und auch stichprobenartig Gepäckstücke unter die Lupe genommen, um die Sicherheitsleute von der Zoll-Behörde glücklich zu machen. Danach hieß es warten bis zum Eintreffen des Ozeanriesen, was auch nicht mehr lange dauerte.

Das Gefühl war überwältigend und kaum zu beschreiben, als die Spitze des Schiffes an uns vorbei kam. Wir alle standen vor einer Glasscheibe und hatten keine Chance, die wahre Höhe des Schiffes auszumachen. Es war eine weiße Wand mit Bullaugen und Fenstern, die im Schneckentempo an uns vorbeizog.

Nach einigen Minuten kam der Gigant zum Stehen, eine junge Offizierin begleitete uns auf den Steg, der in den Passagierbereich des Schiffes führte. Ab hier war die Gruppe auf sich allein gestellt, wir hofften, von einer Crew-Beauftragten abgeholt zu werden. Aber vergeblich warteten wir eine geschlagene Stunde. Eigentlich hatte ich hier ein wenig mehr Einsatz von erfahrenen Crew-Mitgliedern erwartet. Es zeigte sich sehr schnell, wie egal man sich untereinander war. Etwas später kämpften wir uns durch die Passagiermassen hindurch in den Crew-Bereich, um uns zum »Crewpurser« (Schiffssprache für Personalleiter) durchzufragen. Ohne, dass viele Worte verschwendet worden wären, bekam ich meinen Zimmerschlüssel und eine Wegbeschreibung, der wie ein Computerschaltplan für Laien aussah.

Alle Schiffe sind in mehrere Sektionen unter der Wasserlinie eingeteilt und diese Bereiche sind durch wasserfeste Türen verschließbar. Im Notfall verhindern diese das zu schnelle Überfluten des Schiffes. Im Hafen sind diese Türen aus Sicherheitsgründen geschlossen, somit musste ich mich durch ein Labyrinth aus Treppen und Gängen zu meiner Kabine kämpfen.

Endlich eingetroffen traf mich der Schock, als ich die Türe öffnete. Mein Koffer passte gerade so in das Zimmer. Darin befand sich ansonsten noch ein kleiner Schreibtisch mit Fernseher und DVD-Player, Telefon und jeder Menge Unordnung darauf. Nachdem ich ein wenig den Schmutz in die eine Richtung und die Unordnung in die andere Richtung geschoben hatte, fand auch mein Laptop Platz.

Unter dem Tisch stand ein kleiner Kühlschrank, darüber ein kleines Regal für Bücher und sonstigen Kram, ein Doppelstockbett, bei dem ich schnell erkannte, dass das obere mir gehören sollte, aber nicht etwa, weil es neu bezogen war oder hier ein Zeichen von Ordnung herrschte, nein, es waren ganz einfach keine Bilder von Familie oder Freunden an der Wand vorhanden.

Ich nahm mir einen der beiden Schränke, der kaum Platz bot für meine Sachen, und füllte ihn mit den Dingen fürs Leben. Mein Koffer landete unter dem Tisch, womit der Platz für die Beine recht eingeschränkt war. Das Bad ähnelte einer Duschkabine mit Klo und Waschbecken, die durch einen Plastikvorhang abgetrennt war. Im Waschbecken sammelten sich die schwarzen Haare meines Mitbewohners, den ich zu diesem Zeitpunkt noch nicht kennengelernt hatte.

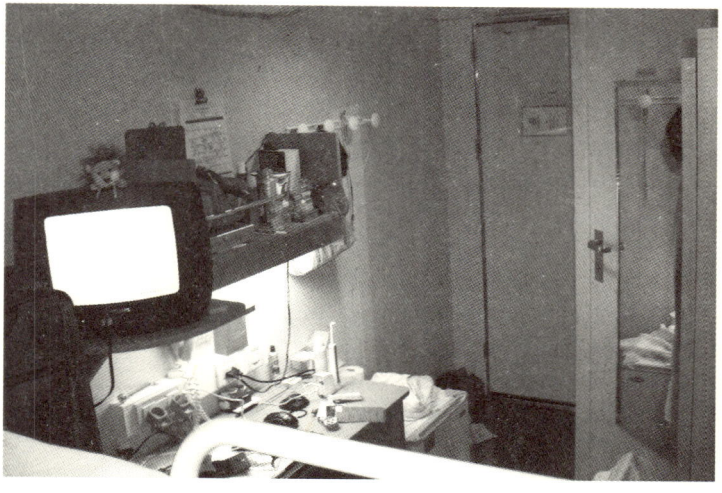

Ein kurzer Blick auf die Uhr riet mir, mich zu beeilen, um mich in der Küche zur angegebenen Zeit einzufinden. Nun hatte man die erste Gelegenheit, die anderen Neuankömmlinge kennenzulernen und es wurde auch deutlich, wer sich auf welche Position beworben hatte. Nach einer kurzen Willkommensrede vom Küchenhäuptling ging es in die Wäschekammer, wo wir mit Uniformen und Bettwäsche eingedeckt wurden.

Hier traf ich auch meine Freundin wieder, aber zum Wechseln vieler Worte blieb nicht viel Zeit, da sie sich eigentlich schon am Arbeitsplatz im Restaurant befinden sollte. So blieb mir nur, ihr die Daumen zu drücken, die Zimmernummern auszutauschen, um sie dann abends nach getaner Arbeit zu treffen.

Während ich in der Schlange auf meine Uniformen wartete, wurde ich von einem zwei Köpfe kleineren Philippiner angesprochen, ob ich Interesse am Kabinenservice hätte. Anfangs war mir diese Bezeichnung kein Begriff. Nachdem die sexuellen Interessen geklärt und etwaige Missverständnisse so ausgeräumt waren, stellte sich heraus, dass dies mein erster Kontakt mit einem der unzähligen profitablen Nebengeschäfte an Bord war. Im Grunde war der Kabinenservice ebenso zu verstehen wie der Zimmerservice in einem Hotel. Putzen, Austauschen der Handtücher und selbst Waschservice zur Reinigung von privater Kleidung und Uniformen standen zur Verfügung. Immer noch unschlüssig ließ ich mir seine Kabinennummer geben, um ihn später anzurufen.

Nachdem ich alle meine Uniformen empfangen hatte, blieb mir noch sehr viel Zeit, da meine erste Schicht erst um 17 Uhr beginnen sollte. Immer noch ein wenig müde von der kurzen Nacht und von so vielen neuen Eindrücken förmlich geplättet, nutzte ich die Zeit für ein kurzes Schläfchen.

Meine erste Schicht sparte auch nicht mit neuen Eindrücken und Emotionen. Die ersten Arbeitstage auf Schiffen laufen ganz nach dem Prinzip »Learning by doing« ab, man wird quasi ins kalte Wasser geworfen und es liegt an jedem selbst, wie schnell man sich einarbeitet.

Gegen 23 Uhr traf ich mich dann mit meiner Partnerin, um über ihre ersten Erfahrungen zu sprechen und um uns auszutauschen. Es waren gemischte Gefühle, auf der einen Seite die Freude, endlich hier zu sein, dann aber auch Nervosität und Bedenken, was uns noch bevorstehen sollte.

Nach etwa drei Wochen gab es dann auch die Möglichkeit, eine Kabine zusammen mit meiner Partnerin zu bekommen. Hier sei erwähnt, dass deutsche Kollegen in höheren Positionen solche Dinge wirklich erleichtern können ...

Bis dahin aber begnügte ich mich mit den schwarzen Haaren im Waschbecken und dem unbeschreiblichen Chaos in der Kabine.

Die ersten Wochen sind für Leute, die noch nie auf Schiffen gearbeitet haben, die schwersten. Die Beine fühlen sich an, als sei man einen Marathon gelaufen und man hat ständig das Gefühl, nicht genug Schlaf abzubekommen.
Bei über 50 verschiedenen Nationalitäten an Bord ist es manchmal nicht einfach, sich zu verständigen. Manchmal fehlen die richtigen Worte oder man versteht nicht alles richtig und Gesten, die für uns normal sind, können in anderen Ländern als aggressiv gelten. Zum Glück ist die Bordsprache auf allen Schiffen identisch, nämlich Englisch. Somit ist diese Hürde leicht zu überwinden. Aber keine Angst, ein gutes Schulenglisch reicht hier vollkommen aus, da auch für die meisten anderen an Bord Englisch nicht Muttersprache ist.

Es dauert ein paar Tage, bis man sich auf dem Schiff zurechtfindet. Sechzehn Stockwerke und 400 Meter Länge machen die Orientierung nicht immer einfach und manchmal kann der Weg zum Arbeitsplatz einer Sportstunde gleichen.

Wer von der Arbeit nicht genug bekommen kann, dem bieten regelmäßige Sicherheitsübungen Abwechslung. Beliebt sind diese natürlich in Häfen und genau dann, wenn man selbst gerade die Möglichkeit hat, vom Schiff herunterzukommen. Insbesondere auf Reisen, bei denen Orte wie San Francisco oder beliebte karibische Ziele wie Curaçao nur einmal alle zwei Monate angelaufen werden, kann dies wirklich sehr ärgerlich sein.

Auf einer Reise durch die Fjorde Alaskas
fragte ein Gast den Kellner im Restaurant:
»Was machen denn bitte die Braunbären dort? «

Daraufhin der Kellner:
»Die winken goodbye.«

(Wer hier denkt, dies sei einfach nur ein Witz, der irrt. Es ist schon manchmal unglaublich, was Passagiere für Fragen stellen.)

Seenothilfe – Rette sich, wer kann

Moderne Kreuzfahrtschiffe heben sich durch neueste Technik und Sicherheit hervor, die Zeiten der »Titanic« sind lange vorbei. Verantwortlich ist dafür nicht nur die fortschrittliche Technik, sondern auch hervorragend geschultes Personal, das im Notfall jeden Passagier in den Vordergrund stellt – zumindest sollte das theoretisch so sein.

Vorab möchte ich erwähnen, dass ich die Sicherheit an Bord oder die Vorgehensweise der Besatzung in keiner Weise infrage stellen möchte. Vielmehr sollen die folgenden Anekdoten zum Schmunzeln, aber auch zum Nachdenken anregen.
Natürlich ist der Hauptteil der Besatzung ausgezeichnet für Notsituationen ausgebildet, aber man darf nicht vergessen, dass für viele Besatzungsmitglieder diese Reise die Erste ist, und ehrlich gesagt bin ich davon überzeugt, dass eine Spülkraft, die gerade einmal 300 Dollar im Monat verdient, nicht ihr Leben aufs Spiel setzen würde. Gut, dies sei einfach mal dahingestellt. Ich stelle damit nicht pauschal die Einsatzbereitschaft der Crew infrage!

Der Tag begann wie jeder andere. Mein Wecker klingelte um 6:10 Uhr. Vorsichtig suchte ich in der dunklen Kabine den Lichtschalter, denn Fenster waren in unserer bescheidenen Zimmerausstattung nicht eingeplant. Alles musste sehr leise geschehen, damit ich meine Freundin nicht weckte, denn sie musste erst um 10 Uhr arbeiten und konnte noch ein wenig schlafen. Ein paar Spritzer chlorübersättigtes Wasser ins Gesicht, Zähne geputzt, die Kochuniform übergezogen und auf den Weg zur Crew-Kantine, um mich mit Brötchen und Müsli zu stärken. Wenig später bewegte ich meinen völlig übermüdeten Körper in Richtung Küche, wo ich jeden Tag dieselben Aufgaben hatte und alles schon in einer gewissen Routine ablief.

Unser Schiff war seit Wochen schon in Alaska unterwegs, vorbei an den riesigen Gletschern, in Glacier Bay und auf den Spuren der Goldgräber in Skagway. Am heutigen Tag waren wir in Juneau gelandet und es stand eine ausgedehnte Sicherheitsübung auf der Tagesordnung.

Jeder Mitarbeiter wird, sobald er aufs Schiff steigt, einer Gruppe zugeteilt, dies geschieht nach dem Zufallsprinzip. Alle wichtigen Informationen bekommt man beim Aufstieg auf einer sogenannten Bluecard überreicht, die im Notfall immer mitzunehmen ist. Darauf sind unter anderem die wichtigsten Notsignale vermerkt, ebenso, wo man sich im Notfall einzufinden hat und was die eigentliche Aufgabe des Crew-Mitglieds ist. Die Aufgabenbereiche der einzelnen Gruppen sind breit gefächert: Es gibt Sanitäter, Bootsstationen, die Feuerlöschtruppe oder ganz einfach die Wegweiser, die im Ernstfall den Passagieren den richtigen Weg zeigen sollen. Der einfachste Job bei Übungen ist genau dieser. Dazu findet man sich mit etlichen anderen Crew-Mitgliedern an großen, auffälligen Plätzen ein, zum Beispiel an Restaurants oder Discotheken.

Nachdem sich an diesem Tag jeder mit Namen und Nummer bei einem Verantwortlichen gemeldet hatte, konnte man es sich erst einmal gemütlich machen, sich auf einen Stuhl setzen und sich sogar ein Schläfchen gönnen, was auch fast alle taten. Durch die recht steife Rettungsweste, die wir alle trugen, hatte man einen stabilen Halt für den Kopf, ähnlich einem Nackenhörnchen, und so stand dem Nickerchen während der etwa einstündigen Übung nicht viel im Wege.

Eine der genialsten Aufgaben hatte meine Lebensgefährtin, die sich Messenger nennen durfte. Ihr Job war es, im Notfall Informationen von der Brücke an einzelne Abteilungen im Schiff zu übermitteln und somit den Informationsfluss sicherzustellen, der durch Stromausfall oder Unterbrechung der internen

Kommunikation ausfallen könnte. So zumindest die Theorie. Nun stellen wir uns dazu einmal das Schiff vor: Es ist über 300 Meter lang und besitzt mehr als zehn Decks, die natürlich im Notfall ausschließlich über die Treppen zu erreichen sind. Ab Wasserlevel ist das Schiff in Abteilungen unterteilt, die durch wasserfeste Türen miteinander verbunden sind und im Notfall automatisch verschlossen werden, um zu verhindern, dass sich das Wasser zu schnell im Schiff verteilt. Diese einzelnen und im Notfall abgetrennten Abteilungen sind durch diverse Treppen zu erreichen, allerdings muss man dazu natürlich wissen, wo sich diese befinden. Es war einfach zu amüsant, am Abend von meiner Partnerin zu hören, wo sie überall hingeschickt wurde und wie sie sich hatte durchfragen müssen, um ans Ziel zu kommen. Die Treppen rauf und runter und einmal quer durch das Schiff, das alles binnen fünf bis fünfzehn Minuten. Da hofft man nur, dass die zu überbringenden Nachrichten im echten Notfall nicht allzu wichtig gewesen wären ...

Was in einem wirklichen Notfall alles passieren könnte, kann man sich nach so einer Übung nur zu bunt ausmalen.

Zu dieser Zeit befanden wir uns gerade mal drei Wochen an Bord und es war immer noch schwierig, sich den Weg von der Kabine zum eigentlichen Arbeitsplatz zu merken.

Ich selbst hatte das Glück, meistens im Restaurant zu arbeiten und in einem Notfall wären wir hier die Zuständigen gewesen, um den Passagieren den richtigen Weg zu zeigen und ihnen jegliche Art von Unterstützung zu geben. Bei den Übungen nutzte ich jedoch wie viele andere auch die Zeit, um kurz die Augen zu schließen und die eigene Batterie aufzuladen.

Ein paar Wochen später wurde ich ins Feuerwehrdepartment eingewechselt, was auch sinnvoll war, da ich über jahrelange Erfahrungen als Feuerwehrmann verfügte.

Ein großer Nachteil, in diesem Department zu sein, waren die nahezu täglichen Übungen, bei denen Anwesenheitspflicht galt, vollkommen egal, in welchem Hafen man gerade anlegte. Es gab dafür einen Plan, und so wusste man natürlich, wann diese Übungen stattfanden. Einen anderen Nachteil brachte die verlorene Zeit mit sich, die man eigentlich ja benötigte, um seine ursprüngliche Arbeit zu erledigen. Schließlich gab es ja niemanden, der einen vertreten konnte, sodass man nach der Übung die verlorene Zeit wieder gutmachen musste. Dies führte auf manchen, besonders ausgebuchten Reisen zu wirklich harten Arbeitsbedingungen.

Ich betete jedoch regelrecht, dass uns in den nächsten Wochen kein Feuer das Leben zur Hölle machen würde, denn ich hatte zwar wie gesagt Erfahrungen in der Feuerbekämpfung, die reichten jedoch maximal für einen Kleinbrand in der Küche und ich hatte wirklich keine Lust, in einen andersgearteten Notfall hineingezogen zu werden.

Im Falle eines Großbrands würde ich jederzeit das Rettungsboot vorziehen und den Profis die Arbeit mit dem Feuer überlassen.

Ich möchte hier nicht als Drückeberger dastehen, aber mein Motto lautet: Finger weg von Sachen, von denen man keine Ahnung hat. Denn 3500 Dollar Monatslohn sind nicht genug, um das eigene Leben aufs Spiel zu setzen.

Als Passagier braucht man nun wirklich keine Angst zu bekommen. Vielmehr möchte ich aufzeigen und zu bedenken geben, was in den Köpfen einer frisch angeheuerten Crew so vorgeht. Davon abgesehen ist die Unfallrate auf Kreuzfahrtschiffen recht gering, es muss sich also niemand ernsthaft Sorgen machen.

Die Technik ist fortgeschritten und die Vorsichtsmaßnahmen sind extrem hoch, und selbst im Falle eines Brandes sind grundsätzlich immer qualifizierte Offiziere an Bord, die in allen Situationen den richtigen Schritt einzuleiten wissen und den Überblick bewahren.

Auf unserer »Titanic-Route« von Southampton in
England nach New York fragte mal ein Gast:
»Wann kommen eigentlich die Eisberge?«

Nun, eine Antwort gab es hier nicht,
nur einen fragenden Blick ...

Lenny. Wie ein Hurrikan für Trouble sorgte

Es war November 1999. Wir beendeten soeben unsere Transatlantik-Überfahrt vom Mittelmeer in die Karibik, um dort den kalten europäischen Wintermonaten aus dem Wege zu gehen. Es war es meine erste Reise an Bord eines Schiffes und meine erste richtige Reise ins Ausland.

Unser erstes Anlaufziel war die Dominikanische Republik und der Hafen von Santo Domingo, der für die nächsten sechs Monate unser Heimathafen sein sollte.

Dieser Hafen war die Station, an der jede Woche neue Passagiere an Bord kamen und andere Passagiere ihren Urlaub beendeten, um die Reise zurück nach Hause anzutreten. Der größte Teil der an Bord kommenden Gäste stammte aus dem deutschsprachigen Raum, aus Deutschland, Österreich und der Schweiz. Vereinzelt gab es auch Gäste aus anderen europäischen Ländern, die sich an Bord des Clubschiffs auf einen abenteuerlichen Trip unter karibischer Sonne freuten.

Auf zwei verschiedenen Routen hatte man die Möglichkeit, innerhalb einer Woche die schönsten Inseln der Karibik zu besuchen, und so legten wir unter anderem in Aruba, Dominica, Antigua, St. Martin oder Grenada an.

Am 13. November 1999 sollte sich unsere Route durch die Karibik deutlich ändern, denn wir erhielten die Nachricht, dass ein Hurrikan unseren Weg kreuzen sollte. Getauft wurde er auf den Namen »Lenny« und er wurde später auf Stufe vier, die zweithöchste mögliche Gefahrenstufe, eingeordnet.

»Lenny« war der stärkste atlantische Hurrikan, der je in einem November aufgezeichnet wurde. Er zog, was ziemlich unüblich war, von Westen nach Osten durch die Karibik, was ihm auch den Namen »Wrong way Lenny« (zu Deutsch in etwa »Geisterfahrer Lenny«) einbrachte. Mit Windgeschwindigkeiten von über 250 Stundenkilometern bahnte er sich seinen

Weg über Saint Croix, Aruba, St. Martin und viele andere karibische Inseln. Dabei hinterließ er 17 Tote, allein auf Barbuda zerstörte er über 95 Prozent der Ernte und überflutete mehr als 65 Prozent der Insel.

Diesem Ausmaß bewusst, änderten wir unseren Kurs und umfuhren »Lenny« in einem Radius von über 500 Kilometern.

Aber selbst mit diesem Abstand bekamen wir einen kleinen Geschmack davon, was auf den Inseln geschah, denn »Lennys« Ausleger trafen uns mit voller Gewalt.

Allein die Wellen erreichten zehn Meter Höhe und schlugen mit voller Wucht gegen das Schiff. Nur wirklich geübte Seeleute konnten mit so viel Naturgewalt umgehen, dem Rest brachte »Lenny« ein mehrtägiges Erlebnis, das sie sicherlich so schnell nicht wieder vergessen haben.

Die Maßnahmen und Sicherheitsvorkehrungen auf dem Schiff liefen auf vollen Touren, um die Folgen des Hurrikans so gering wie möglich zu halten.

Unter anderem wurden alle Außendecks – ohne Ausnahme! – geschlossen, um das Eindringen der gewaltigen Wassermassen zu verhindern. Wenn man bedenkt, wie dünn die Außenwand eines Schiffes eigentlich ist, kann man sich gut vorstellen, wie gewaltig die Geräuschkulisse ist, wenn meterhohe Wellen gegen das Schiff schlagen. Das Geräusch, das dabei entsteht, kann man mit einem lauten Grollen vergleichen. Zusätzlich bekommt das Schiff einen ordentlichen Schlag verpasst, was man auch deutlich anhand der Schiffsbewegungen spürt.

Der sicherste Weg durch Wellenberge von solchem Ausmaß ist der direkte, um ein Kentern zur linken oder rechten Seite zu vermeiden. Dadurch gerät das Schiff aber auch in eine enorme Aufwärtsbewegung, bis es die Wellenspitze erreicht hat, um dann in einem plötzlichen Fall ins Wellental zu stürzen. Die dabei auftretenden Kräfte sind kaum zu beschreiben. Am schlimmsten sind diese Kräfte am Bug (Vorderteil des Schiffes) oder im Heck (der hintere Teil eines Schiffes) zu spüren, dort bemerkt man die Auf- und Abbewegungen am heftigsten.

In solchen Situationen kann ich nur jedem empfehlen, sich in der Mitte des Schiffes aufzuhalten, und, ehe ich es vergesse, je höher Sie sich über der Wasserlinie befinden, umso mehr werden Sie nicht nur die extreme Bewegung spüren, sondern auch eine beängstigende Seitwärtsbewegung wahrnehmen.

Mein Weg von der Kabine zur Küche war ein einziger Albtraum, ich hatte es schwer, mich zu entscheiden, was schlimmer war: Mein Magen, der sich tagelang um die eigene Achse drehte, oder der Versuch, möglichst gerade von einem Punkt zum anderen zu laufen. Wann immer es möglich war, versuchte ich, mich an einem Geländer festzuhalten. Um meinem Magen die Tortur so leicht wie möglich zu machen, verzichtete ich sehr oft auf meinen Lunch oder das Dinner, des Weiteren nahm ich keine stark säurehaltigen Lebensmittel wie beispielsweise Orangen zu mir, da diese einen unruhigen Magen in den totalen Ausnahmezustand bringen können. Ein stetiger Begleiter war mir trockenes Knäckebrot.

So ein Hurrikan-Arbeitstag steckte voller Überraschungen und brachte, wenn man es denn gelassen sehen konnte, jede Menge Spaß mit sich.

Die Regale in der Schiffsküche bestehen in der Regel aus Stahlstangen, die somit sehr einfach gesäubert werden können. Alle Töpfe und Materialien, die dort gelagert wurden, wurden von uns mit ausreichend Plastikfolie umwickelt, um ein plötzliches Herunterfallen zu vermeiden.

Mit einer Hand krallte ich mich akribisch am Tisch fest und mit der anderen Hand schwang ich den Kochlöffel wie ein Dirigent im Kochtopf herum.

Alle Herde wurden mit einer Begrenzung versehen, um zu verhindern, dass die Töpfe verrutschen konnten. Aus Erfahrung waren wir ja schließlich klug geworden: Am Anfang des Sturms hatte uns ein voller Topf während einer heftigen Schiffsbewegung die Gesetze der Schwerkraft ein wenig näher gebracht. Danach durften wir die »Suppe des Tages« ein zweites Mal kochen, denn der erste Topf verschwand sprichwörtlich im Abguss ...

Es war mittlerweile der dritte Tag des Sturms angebrochen und wir befanden uns noch immer auf hoher See, um den gewaltigen Sturmausläufern den Rücken zu kehren.

Nicht nur in der Küche war Hochbetrieb, auf allen Stationen des Schiffes war Ausnahmezustand angesagt und überall mussten Doppelschichten eingelegt werden, um alles unter Kontrolle zu bekommen und um den Gästen, die ohnehin alles andere als erfreut waren, eine weitestgehend angenehme Reise zu ermöglichen.

Auf der Krankenstation war allerdings Alarmstufe Rot, alle Betten waren belegt, sogar auf dem Flur vor der Station stellte man Feldbetten auf, um dem Ansturm gerecht zu werden. Die häufigsten Probleme wie Übelkeit und Kreislaufzusammenbrüche konnten dank des Fachpersonals rasch behoben werden und durch die anhaltende Achterbahnfahrt wurde allgemein sehr wenig gegessen, was uns in der Küche wiederum das Leben ein wenig einfacher gestaltete.

Selbstverständlich waren nicht nur die Gäste von starker Übelkeit betroffen, auch die Crew hatte damit zu kämpfen, musste aber natürlich dennoch arbeiten, was, wie man sich denken kann, nicht immer leicht war. Es wurde zunehmend schwieriger, sich zu konzentrieren, um die Arbeit ordentlich zu erledigen. Einigen Besatzungsmitgliedern ging es so schlecht, dass sie kurzerhand als krank eingestuft werden mussten und in der eigenen Kabine im Bett bleiben mussten.

Unter uns, so übel mir auch den ganzen Tag war, das Bett wäre der letzte Ort gewesen, wo ich hätte bleiben wollen. Vor allem, weil sich meine Kabine im vorderen Teil des Schiffes befand, wo ja, wie bereits erwähnt, die Schiffsbewegungen am heftigsten waren – ich hätte es ganz einfach nicht ausgehalten, ausgerechnet dort den ganzen Tag bleiben zu müssen.

Die schlimmste Zeit in dieser Hurrikan-Woche war die Nachtruhe, obwohl sie diese Bezeichnung nun wirklich nicht verdient hatte. Von Schlafen konnte gar keine Rede sein, eher von einer turbobeschleunigten Fahrstuhlfahrt, ganz wie in einem dieser Horrorfilme, in denen irgendwann das Kabel des Fahrstuhls reißt und bei dem beim Absturz in die Tiefe alle Fahrgäste an die Decke gedrückt werden.

Einige Wellen waren so stark, dass ich wahrhaftig einige Zentimeter vom Bett abhob! Dazu gab es dann noch dieses grauenhafte Grollen, das einfach kein Ende nehmen wollte.

Nach sieben Tagen erreichten wir den Hafen von Isla de Margarita, einer kleinen Insel kurz vor Venezuela. Ein Aufatmen war auf dem ganzen Schiff zu spüren, jeder war froh, wieder festen Boden unter den Füssen zu spüren. Und es war herrlich, wieder frische Luft zu atmen und nicht die trockene Klimaanlagen-Variante.

Unsere Anlegestelle war abseits von den Hotelanlagen und den karibischen weißen Stränden. Die nächste Stadt hieß Porlamar und war gut und gerne 30 Autominuten entfernt.

Direkt neben der Anlagestelle befand sich eine kleine Bucht mit Sonnenschirmen, die von Palmenblättern bedeckt waren und die eigentlich karibisches Feeling herbeizaubern sollten, aber durch die Zerstörung von »Lenny« vielmehr Entsetzen hervorriefen. Da, wo die nett gestalteten Sonnenschirme standen und wo eigentlich weißer Sand für unzählige Sandburgen hätte sollen sein, war alles überschwemmt. Unmengen von Algen und sonstigem Müll verbreiteten sich über die kleine Bucht.

Und dabei lag die Insel fernab der ursprünglichen Route des Hurrikans. Aber es reichte, um zu erahnen, wie viel Kraft Mutter Erde hat, wenn sie sauer ist.

Die größten Zerstörungen gab es auf den nördlichen Inselgruppen der Karibik, wo Schäden von mehr als 330 Millionen Dollar entstanden.

In Mitteleuropa zu leben hat schon seine Vorteile. Fernab von derartigen Naturgewalten und Katastrophen, die jedes Jahr von Neuem den Menschen in anderen Teilen dieser Welt zu schaffen machen.

Unser Ice Carving Artist erzählte mir mal,
dass ein Gast fragte:
»Was machen Sie eigentlich mit dem Eis,
nachdem es geschmolzen ist?«

Antwort vom Ice Carving Artist:
»Wir frieren es wieder ein für das nächste Mal.«

(Ein Ice Carving Artist ist ein Eisskulpturendesigner)

U.S.P.H. – United State Public Health

Der Albtraum aller Köche auf Kreuzfahrtschiffen ist ohne Zweifel die regelmäßige Kontrolle der amerikanischen Gesundheitsbehörde.

Alle Schiffe müssen sich weltweit bei der Ankunft in den verschiedensten Häfen einer gründlichen Kontrolle unterziehen. Großes Augenmerk gilt dabei der Küche, aber auch die Restaurants, Bars und Pools bekommen diese Kontrollen zu spüren.

Ich möchte hier kurz erwähnen, dass ich diese Maßnahmen befürworte, gerade wenn es um 2500 Passagiere geht, die sich sozusagen in einem geschlossenen System befinden, in dem sich Krankheiten binnen kürzester Zeit verbreiten können.

Mit Abstand die härtesten Kontrollen führen die U.S.P.H.-Beamten durch. Im Schnitt werden Schiffe alle sechs Monate kontrolliert und bei jedem Einfahren in die USA besteht die Möglichkeit der unangekündigten Kontrolle. Um die Crew darauf vorzubereiten, ist es nicht damit getan, am Vorabend eine gründliche Reinigung durchzuführen. Nein, die Crew wird schon zwei Monate im Voraus darauf getrimmt, alle gesundheitsbezogenen Aspekte einzuhalten. Hierzu werden alle Standards in Übungen vertieft, jeder Koch soll in der Lage sein, bei einem Brand in der Küche die richtigen Schritte einleiten und auch selbst jedes Feuer bekämpfen können.

Aber zu den »beliebtesten« Kontrollen gehört die der Sauberkeit. Hierzu wird bis tief in die Nacht hinein geputzt und poliert, sehr gerne zeigt die Uhr bereits nach Mitternacht an, und natürlich beginnt der nächste Tag trotzdem pünktlich um sieben Uhr. Es gibt nichts, was nicht zu erreichen ist, jede Fuge, jede Rille wird peinlich genau gereinigt, Zahnbürste und kleine Messer sind dabei sehr beliebte Hilfsmittel. Als Abschluss wird alles mit Chlor desinfiziert, sodass in allen Schubladen und Kühlschränken ein leichter Chlorgeruch wahrzunehmen ist.

Um Vorgesetzte zu täuschen, wird sehr gerne ein wenig Chlorpulver in den kleinen Ecken der Kühlschränke versteckt, um diesen Geruch zu verstärken und einen gründlich gereinigten Kühlschrank vorzutäuschen.

Diese Putzattacken finden in der gesamten Küche, den Lagerräumen und dem Restaurant statt.

Nur zur Sicherheit möchte ich nochmals erwähnen, wie sehr ich diese Maßnahmen befürworte; der interessanteste Teil kommt jedoch erst noch ...

Sicher hat jeder schon einmal das Gefühl gehabt, in einem Restaurant vorgesetzt bekommen zu haben, was nicht mehr ganz frisch war. Das heißt natürlich nicht, dass es schlecht war, aber nicht frisch ist eben nicht frisch. Auf Kreuzfahrtschiffen wird dies nicht passieren, über 200 Köche kochen jeden Tag auf Teufel komm raus, jeden Tag bekommt der Gast die leckersten Sachen serviert. Ein Kühlhaus ist nur nötig, um die zubereiteten Gerichte über den Tag hinweg zu lagern, sprich: Speisen vom Vortag sind so gut wie ausgeschlossen.

Jeden Tag werden Unmengen von Gemüse, Eiern, Fisch und Fleisch aus riesigen Lagerkühlhäusern in die einzelnen Küchenabteilungen geliefert, um sie hier in tolle Gerichte zu verwandeln. Somit sind die gekochten Lebensmittel immer nur für den jeweiligen angebrochenen Tag bestimmt und stellen, zumindest theoretisch, in keinster Weise irgendein Risiko dar. Um alles noch sicherer zu machen, werden Proben von den Tagesgerichten in speziellen Kühlbehältern aufgehoben, um in Krankheitsfällen schnell die Ursache nachvollziehen zu können und gegebenenfalls die Küche des Schiffes von der Verantwortung freisprechen zu können.

Es war inzwischen März und wir befanden uns auf der Passage von Alaska nach Los Angeles. Dass eine Kontrolle der U.S.P.H.-Behörde sehr wahrscheinlich war, war uns bekannt, denn die letzte Kontrolle lag fast sechs Monate zurück. Wieder hieß es, am Vorabend der Ankunft zu putzen und zu polieren. Viele Sachen, beispielsweise Paletten mit Holzgriffen, Fleischspieße und alles, was nicht einhundertprozentig intakt ist, auch, wenn nur ein kleines Stück Plastik fehlt, wird nicht gerne von den Beamten gesehen, weswegen wir es am Vorabend mit auf die Kabinen nahmen.

Um Fehlerquellen zu vermeiden, wurden sogar Schneidemesser von Maschinen in die Kabinen verbannt. Natürlich waren diese Maßnahmen nicht von den Vorgesetzten angeordnet, wurden und werden aber gerne gesehen, um Minuspunkte bei der Behörde zu vermeiden.

Ich habe mich immer gefragt, was die Beamten wohl dachten, wenn sie Küchenmaschinen ohne jedwedes Zubehör sahen ...

Zu dieser Zeit war ich verantwortlich für das Steakhouse. Die Vorbereitungen waren schnell erledigt und geöffnet hatten wir nur am Abend und für maximal 120 Gäste. Es gab aber ein paar Dinge, die man, einmal vorbereitet, ohne Probleme über mehrere Tage nutzen konnte, wie zum Beispiel Soßen und gehackte Kräuter. Diese vorbereiteten Lebensmittel sollten natürlich am Kontrolltag nicht vorzufinden sein. Deshalb hatten wir Behälter mit Eis gefüllt und dort alles hineingepackt, was uns am nächsten Tag die Arbeit erleichtern sollte. Mein einfallsreicher indischer Hilfskoch hatte alle Sachen mit in seine ohnehin zu enge Kabine genommen, um sie am nächsten Abend an den Arbeitsplatz zurückzubringen. Diese Methode fand so in sämtlichen Küchenabteilungen statt, jeder tat alles nur Mögliche, um sich den nächsten Tag so einfach zu gestalten, wie es nur ging.

Die ganze Küche sah aus wie aus dem Ei gepellt, alles glänzte und entsprach dem Standard.

Es war ein sonniger Montag und wir liefen in Los Angeles ein. Der Tag begann eigentlich wie jeder andere. Alle Postenchefs waren pünktlich um fünf Uhr an ihren Stationen und unterzogen sich den kontrollierenden Blicken des Kapitäns und anderer hoher Offiziere. Kleine Mängel konnten dadurch noch schnell beseitigt werden.

Nach Einfahrt in den Hafen, was gegen sieben Uhr war, stellte sich schnell heraus, dass die ganzen Mühen an den Vortagen nicht umsonst gewesen waren. Ein kurzer Anruf von der Gangway (das ist der Teil des Schiffes, an dem jeder an und von Bord geht) und jeder wusste: Sie waren da.

Zwei uniformierte Personen betraten das Schiff. Ihre Jacken waren voller wichtig aussehender Abzeichen und aufgenähter Symbole. Ihr ganzes Auftreten und ihre äußerst kräftige Erscheinung verrieten, dass mit ihnen nicht zu scherzen war.

Schnell wurde jede wichtige Person informiert und in der Küche wurde das Team auf ein Minimum reduziert, um jegliche arbeitsablauftechnischen Fehler zu vermeiden. Kühlhäuser, die schon teilweise mit den Vorbereitungen für den Lunch gefüllt waren, wurden regelrecht ausgesäubert und alles, was sich nicht mehr in der Originalverpackung befand, wie etwa Milch oder Eier, wanderte ohne Zögern in den Müll – damit waren zwei Stunden Arbeit praktisch für die Katz.

Die überaus grimmigen Beamten bahnten sich ihren Weg zur Küche, wo sie alles akribisch und bis ins kleinste Detail untersuchten und kontrollierten. Sage und schreibe zwei Stunden beschäftigte sich ein Beamter mit dem Untersuchen des Geschirrs. Er war richtiggehend scharf darauf, etwas zu finden, was nicht den Vorschriften entsprach. Mit dem Gespür eines Drogenhundes fand er auch einen Speiserest, der den Weg durch die Spülmaschine bedauerlicherweise überlebt hatte.

Stolz präsentierte er den gefundenen Mangel, was aber nicht als negative Beurteilung niedergeschrieben wurde; dazu war es dann doch zu wenig. Nach vierstündiger Kontrolle verließen die beiden Beamten das Schiff.

Die Küche hatte mit stolzen einhundert Prozent die Überprüfung bestanden und der Rest des Schiffes mit 98 Prozent, was angesichts der gründlichen Vorbereitungen nicht wirklich verwunderlich war.

Wer mehr Infos über die Hygiene an Bord oder einfach den neuesten Klatsch und Tratsch von den Kreuzfahrtschiffen lesen möchte, sollte sich auf der Internetseite *www.cruisetalk.org* umsehen. Dort findet man alles rund um diese Branche und neben Fotos kann man sich auch gleich ein paar Testberichte über bestimmte Schiffe durchlesen.

Um einfach nur Infos über Reedereien und Schiffe zu bekommen, kann man auch auf die deutschsprachige Website *www.schiffsreisen-test.de* gehen, dort findet man unter anderem auch Links zu Flusskreuzfahrten und zahlreiche Testberichte.

Eine der wohl besten und hochgradig durchdachten Fragen eines Gastes war: »Wo schlafen denn eigentlich die Besatzungsmitglieder? Werden sie jeden Tag mit dem Hubschrauber eingeflogen?«

Antwort:
»Umpfh.....%²@ ¨ ;-)«

Monkey Business

Bewusst wähle ich diese Überschrift. Warum?
Auf den nächsten Seiten sollen ein paar der lustigsten Fakten und Storys rund um die Nebengeschäfte der Seeleute folgen. Der Begriff »Monkey Business« (übersetzt bedeutet er so viel wie Affen-Geschäft) stammt nicht von mir. Auf allen Kreuzfahrtschiffen ist dieser Begriff verbreitet und er bezieht sich ausnahmslos auf die »dunklen Geschäfte« der philippinischen Besatzungsmitglieder, die durch pfiffige und durchdachte Ideen ein nettes Nebeneinkommen erzielen. Auf keinen Fall möchte ich die Philippiner mit Affen gleichsetzen und dadurch diskriminierend wirken, da ich selbst einige zu meinem Freundeskreis zähle!

Sehr gut erinnere ich mich an den ersten Tag des Aufstiegs, nachdem der Papierkram erledigt, Zimmerschlüssel übergeben und Bordkarte ausgehändigt waren. Einer der nächsten Schritte war, sich den Weg zur Wäschekammer zu suchen. Nach einem Irrlauf ohne Mappe und drei Etagen unter dem Wasserlevel erwartete mich dort bereits die Schlange der Neuankömmlinge, die, wie ich, auf ihre neuen Uniformen, das Bettzeug und die Handtücher warteten. Die Seeleute, die in dieser Abteilung arbeiteten, waren größtenteils von den Philippinen und aus dem asiatischen Raum. Es dauerte nicht lange, bis ich angesprochen wurde. In einem gebrochenen, aber sehr sympathischen Englisch fragte mich ein Philippiner, dem ich an dieser Stelle den Namen Fred geben möchte, ob ich neu sei und woher ich käme.
Nachdem ich ihm meine ganze Lebensgeschichte anvertraut hatte, fragte er mich, ob ich einen »Cabin Boy« bräuchte. Mein Englisch war zu dieser Zeit noch recht dürftig und so versuchte ich, mir vorzustellen, was damit gemeint sein könnte. Da ich ihm von meiner Partnerin erzählt hatte, dachte ich nicht, dass es hier um sexuelle Bedürfnisse gehen sollte und wenn, wäre

mir ein »Cabin Girl« durchaus lieber gewesen. So kam ich zu dem Beschluss, dass es sich hier eindeutig um eine Art Service handeln musste. Nach ein paar Fragen erklärte Fred mir, dass er gerne meine Kabine regelmäßig putzen, die Handtücher wechseln und meine Uniformen in die Wäscherei bringen und abholen würde. Der Preis dafür waren zehn amerikanische Dollar pro Woche. Davon fasziniert erzählte ich Fred, ich müsste dies mit meiner Partnerin absprechen, die wenig später auch in der Warteschlange auftauchte. Schnell gab er mir seine Kabinennummer, unter der ich ihn erreichen konnte und auch seinen richtigen Namen erfuhr ich nun, aus Fred wurde also auf einmal Ben.

Nun klingt Ben nicht wirklich nach einem philippinischen Namen, aber auch das ließ ich mir erklären, und so erzählte Ben mir, dass viele philippinische Namen einfach zu lang und kompliziert für Menschen anderer Nationen seien und dass sie sich deswegen einfach selbst einen anderen Namen geben würden.

Das ist übrigens nicht nur auf den Philippinen üblich, sondern auch in anderen asiatischen Ländern. Da ist man dann doch froh, als Europäer nur selten solche Probleme mit den Namen zu haben.

Nun endlich empfing ich ein Set aus Kochuniformen, Handtüchern und Bettzeug. Außerdem wurden uns die Zeiten erklärt, zu denen wir die schmutzigen Uniformen zurückzugeben hätten und zu denen wir sie wieder abholen konnten.

Damit wurde mir dann auch klar, weswegen Ben diesen Service anbot.

In der Regel begann mein Arbeitstag um sieben Uhr morgens und ging bis etwa 14 Uhr, danach folgte eine Pause bis 17 Uhr und von da an dauerte meine Schicht noch einmal bis etwa 23 Uhr.

Nun, der Abgabetermin für schmutzige Uniformen war dreimal die Woche von 15 Uhr bis 15:30 Uhr, abgeholt wurde auch an drei Tagen in der Woche, nämlich zwischen 16 Uhr und 16:30 Uhr.

Man sieht sofort, dass sich die Zeiten mitten in der Pause befinden, was an sich ja auch sinnvoll ist und anders gar nicht geht. Nur muss man bedenken, dass eine Arbeitswoche auf Kreuzfahrtschiffen sieben Tage hat und daher in keiner Weise mit Arbeitszeiten an Land zu vergleichen ist. Daher versteht es sich von selbst, dass die Pause bestmöglich genutzt wird, etwa für einen Mittagsschlaf oder einen kurzen Landgang.

Meiner Freundin und mir wurde schnell bewusst, dass sich der Service des »Cabin Boy« rasch auszahlen würde. Noch am Abend meines ersten Arbeitstages traf ich Ben wieder und vereinbarte mit ihm alles Notwendige. Einen Zimmerschlüssel brauchte Ben nicht, da er im »Housekeeping« (Service und Reinigung der Gästekabinen) tätig war und daher einen Universalschlüssel besaß.

Schon nach den ersten Tagen merkte ich, wie gut die zehn Dollar pro Woche angelegt waren. Ich fühlte mich regelrecht wie in einem Hotelzimmer, denn jeden Tag wurde unser Bett gemacht, unsere drei Quadratmeter große Kabine gesaugt, das Bad gewischt und natürlich hatten wir immer frische Handtücher und saubere Uniformen. Wann Ben das alles machte, war schwer zu sagen, auf jeden Fall immer während unserer Arbeitszeit.

Eine kurze Hochrechnung ergab, dass er mit seinem Service bei mindestens zehn Crew-Kabinen mindestens einhundert Dollar in der Woche und 400 Dollar im Monat verdiente. Steuerfrei, versteht sich.

Wenn also ein Spüler im Durchschnitt 500 Dollar im Monat verdient, kann er sich fast noch einmal dieselbe Summe durch so einen Service verdienen, und das für deutlich weniger Arbeit.

Durch Gespräche mit anderen Kollegen erfuhr ich, dass fast jeder in irgendeiner Weise einen »Cabin Boy« nutzte. Manche benötigten ihn nur, um die schmutzige Uniform austauschen zu lassen und um dadurch die wertvolle Pause besser nutzen zu können. Somit ist bei 1300 Besatzungsmitgliedern meine Hochrechnung mit den zehn Kabinen pro »Cabin Boy« wirklich nur eine Dunkelziffer, und eine Drei-Quadratmeter-Kabine lässt sich im Schnellverfahren in weniger als zehn Minuten reinigen.

Wie in einem Hotel gibt es auch auf dem Schiff einen wirklich gut funktionierenden Zimmerservice, bei dem allerdings auf Teller und Servietten verzichtet wird.

Jedes Kreuzfahrtschiff besitzt für die Crew eine Art Restaurant, das unter Seeleuten »Crew Mess« genannt wird. Dort bekommt jedes Crew-Mitglied sein Frühstück, Lunch oder Dinner. Aber es ist auch zwischen den festgelegten Zeiten möglich, etwas zu Essen zu bekommen, mit Einschränkungen natürlich. Wer außerhalb der Essenszeiten Hunger hat, nutzt also am besten den Zimmerservice. Es ist leicht, an Namen und Kabinennummern derjenigen heranzukommen, die diesen Service anbieten. Werbung für diese Geschäfte ist unnötig, die Mund zu Mund-Propaganda ist vollkommen ausreichend.

Die Auswahl der Speisen ist dürftig, aber nach Mitternacht sinken die Ansprüche ohnehin und man ist für jede Mahlzeit dankbar. Wir bestellten uns meisten Nudelsuppe mit Shrimps oder Ei. Netterweise wurde man immer gefragt, wie scharf es sein sollte, um auch dem europäischen Geschmack gerecht zu werden. Natürlich konnte man auch andere Gerichte bestellen, vor allem solche, die den philippinischen Gaumen verwöhnten und den europäischen einen Purzelbaum schlagen ließen.

Ich war neugierig, wo all dieses leckere Essen wohl gekocht wurde und begab mich in den nächsten Tagen auf Erkundung. Dabei sprach ich mit ein paar Leuten und kam dem Geheimnis schnell auf die Schliche. Wo auch immer die Schiffe anlegten, gab es viele Geschäfte, die den Nachfragen der Philippinen entgegenkamen und die Noodlesoup im Megapack verkauften.

Dann war lediglich noch heißes Wasser nötig, und die Shrimps oder Eier aus der Küche fielen nicht so ins Gewicht, dass es auffällig war.

Man muss sich das so vorstellen: In der Küche arbeiten mehr als 200 Leute Tag und Nacht. Alles ist in Sektionen unterteilt und die Arbeit in den einzelnen Abteilungen ist tagein, tagaus so ziemlich dieselbe. Natürlich gibt es Stationen mit viel Arbeit und welche mit etwas weniger, oder besser gesagt, Stationen, an denen man sich die Zeit gut einteilen konnte, um sein Pensum zu erreichen.

Jede Sektion ist selbst dafür verantwortlich, die Bestellung für den nächsten Tag zu machen, die in etwa einhundert ganze Hühnchen oder zehn Kilogramm Champignons und Ähnliches beinhaltet. Was bestellt wird, wird selten kontrolliert. Wichtig ist nur, dass es nicht übermäßig viel, aber auch nicht zu wenig ist – und damit sind die Bestellungen recht einfach zu manipulieren.

Nun gibt es die Leute vom Untergrund-Zimmerservice, die sich die passenden Zutaten aus den anderen Sektionen organisieren und ganze Einsätze voll Ragouts kochen, die Namen wie Adobo (geschmortes Schweinefleisch mit viel Knoblauch und Sojasoße) oder Paksiw (gekochter Fisch mit Zwiebeln, Ingwer und Essig) tragen. Nun mag der eine oder andere sagen: Man, das klingt doch sehr lecker, das würde ich auch gerne essen! Aber man sollte nicht vergessen, dass diese Gerichte nach dem Kochen auf geheimen Wegen in die Kabinen geschmuggelt werden, wo sie dann ohne Kühlung gerne mal zwei Tage herumstehen, bis alles verkauft oder selbst gegessen wurde. Guten Appetit!

Etwa alle zwei Wochen gibt es ein »Crew whole sale«, eine Art Großverkauf für Getränke, bei dem sich jeder zum Einkaufspreis mit Spirituosen oder Softgetränken versorgen kann. Dieser Verkauf findet im Hauptlager statt und hat, wie sollte es auch anders sein, ein so ungünstiges Timing, dass er für den Großteil der Besatzung während der Arbeitszeit stattfindet. Das wiederum eröffnet auch hier einen neuen Geschäftszweig. Alles läuft über Vorbestellung. Man muss seinem Kontaktmann die Wünsche bezüglich der Getränke mitteilen und der holt dann eine riesige Sammelbestellung beim Sale ab. Eine unserer Bestellungen war zum Beispiel: zwölf Flaschen Wasser, eine Palette Cola und eine Flasche Likör. Wenn also mehrere Leute beim Kontaktmann eine ähnliche Bestellung aufgeben, kann man sich die Dimensionen der Sammelbestellung ausmalen und welche Mengen danach in den Kabinen gelagert werden. Auslieferung ist noch am selben Abend und jeder bekommt seine Bestellung auf die Kabine geliefert. Die Kosten dafür sind gering, der Preis für die Getränke selbst ändert sich nicht, man zahlt einzig und allein einen Aufschlag für die Lieferung, im Schnitt nicht mehr als fünf Dollar.

Derartige Nebengeschäfte gibt es an allen Ecken des Schiffes.
    Ungefähr alle drei Wochen ging ich zum »Friseur«, von denen es recht viele gab und die auch sehr leicht zu finden waren. Kleine Schilder mit Wegmarkierungen verrieten den Weg zum nächsten Haarschnitt, der natürlich nicht in einem Haarsalon stattfand, sondern auf einem Plastikstuhl mitten in dem Gang, in dem sich alle Crew-Kabinen befanden. Die Kosten für Europäer lagen bei etwa zehn Dollar und das Ergebnis konnte man gut und gerne mit einem Schnitt zu Hause vergleichen. Der einzige Nachteil war, dass die Begriffe »waschen« und »legen« hier nicht vorkamen.

Für alle mit einer Vorliebe zum bemalten Körper wurden ebenfalls die Bedürfnisse gedeckt. Für etwa 200 Dollar konnte man sich ein farbiges Tattoo anfertigen lassen. Der Carving-Artist, der für die tollen Eis-Skulpturen zuständig war, war auf den

Philippinen unter anderem auch ein bekannter Tattoo-Künstler. Einen Nachteil gab es natürlich auch hier, nämlich, mal wieder, die Hygiene. Tätowiert wurde auf der Kabine und den Rest kann man sich einfach dazu denken …

Ich gestehe allerdings, seine Arbeiten sahen wirklich sehr gut aus.

Ohne jede Frage ist diese Art von Geschäften eine gute Sache: Man bezahlt und bekommt dafür ein Produkt oder einen Service.

Folgende Geschichten zu diesem Thema habe ich ebenfalls selbst erlebt und sie laufen für mich sowohl unter der Kategorie »unverschämt« als auch »zu lustig, um wahr zu sein«.

Die Fachleute aus dem Service servieren jeden Tag Tausenden Passagieren das Essen. Fast alle Schiffe besitzen mehrere Restaurants. Zum Teil sind diese mit Buffet oder als regionale Themen-Restaurants ausgerichtet, aber alle Schiffe besitzen ein Hauptrestaurant, in dem jedes Essen nach Tageswahl serviert wird und in dem in unserem Fall bis zu 1000 Passagiere Platz fanden.

Das Hauptrestaurant ist in Bereiche unterteilt und mit einer bestimmten Anzahl von Servicemitarbeitern bestückt. Jeder Gast wird auf seiner Reise einem bestimmten Tisch zugeordnet, und es ist somit auch immer derselbe Kellner, der diesen Tisch bedient. Meine Partnerin war für so einen Bereich zuständig und während ihrer drei Schichten hatte sie demnach immer dieselben Gäste vor sich, mal die liebevolle Familie von nebenan, mal die nimmersatten Nörgler, die an allem etwas auszusetzen hatten.

Mit einem Kollegen war meine Freundin für etwa 40 Gäste zuständig, und das alles zweimal für jede Mahlzeit.

Im Prinzip war alles recht einfach: Jede Station mit etwa sieben Tischen hatte eine bestimmte Anzahl von Besteck, Kaffeetassen und Brottellern. Ein kleiner Schrank in jeder Station stellte sicher, dass am Morgen wieder die richtige Anzahl zur Verfügung stand. Natürlich nur, wenn er abgeschlossen war. Der Kellner jeder Station war selbst dafür verantwortlich, genügend Geschirr und Besteck zu haben. Ein großes Regal mit extra Besteck und Geschirr gab es zwar, aber um Glasbruch und andere Verluste gering zu halten, wurde die Verantwortung der einzelnen Mitarbeiter sehr hoch gehalten. Die Oberkellner und Restaurantleiter kümmerte es recht wenig, was diesbezüglich auf den Stationen passierte, einzig und alleine der wöchentliche Gehaltsscheck, in diesem Fall Bargeld, war von Interesse.

Aber was passiert nun, wenn Brotteller und Kaffeetassen in der Geschirrspüle gewaschen werden? Selbstverständlich steht dort niemand und sagt: »Hey, du da, hier ist dein Besteck.« Es läuft alles nach dem Prinzip »Wer zuerst kommt, mahlt zuerst« ab. Wer nicht aufpasst, hat schnell mal ein paar Tassen oder Brotteller weniger, was dann dazu führt, dass Gäste sich beschweren, das Trinkgeld streichen, der Oberkellner zusammenstaucht und sich dein Wochenlohn um einhundert Dollar reduziert.

Wie ich anfangs erwähnt habe, werden alle Restaurantkräfte aus einem Trinkgeldpool bezahlt. Jedem Gast wird bei einer Kreuzfahrt pro Tag ein bestimmter Betrag, meistens um die 20 Dollar, pauschal berechnet. Dieses Geld fließt in den Trinkgeldpool. Aus diesem gemeinsamen Pool bekommt dann jeder im Service seinen Anteil, natürlich abhängig von der jeweiligen Position. Jeder Gast hat jedoch auch die Option, das Trinkgeld zu stornieren. Dabei kann er, muss jedoch keinen Grund nennen.

An dieser Stelle mal ein kleines Rechenbeispiel, um das Ganze anschaulicher zu machen:

An einem Tisch sitzt eine Familie. Eltern, zwei Kinder, Oma und Opa sind auch noch mit von der Partie. Jeder zahlt pro Kopf 20 Dollar, das macht an diesem Tisch ganze 120 Dollar am Tag.

Das bedeutet, dass an fünf Tagen allein von diesem Tisch 600 Dollar an Trinkgeld zu erwarten sind. Wird dieses jedoch storniert, fehlen eben auch direkt 600 Dollar im Trinkgeldpool.

Um noch ein wenig weiter zu rechnen, nehmen wir mal an, das Schiff ist voll belegt mit 2200 Gästen, davon 200 Kinder, die sehr klein sind und kein Pflichttrinkgeld zu zahlen brauchen. Das macht rund 40.000 Dollar Trinkgeld am Tag. Davon beschweren sich 200 Gäste aus berechtigtem Grund und 300 Gäste kommen aus Deutschland und der Schweiz, also aus Ländern, die ohnehin eher ungern Trinkgelder zahlen. Das macht zusammen satte 10.000 Dollar am Tag, die im geliebten Trinkgeldpool fehlen. Eine stattliche Summe!

Bei einem ausgebuchten Kreuzfahrtschiff landet dennoch recht viel Geld im Trinkgeldtopf. Sehr gravierend ist es hingegen, wenn das Schiff nur zur Hälfte belegt ist, statt 1000 Dollar Wochenlohn sind das dann eben nur etwa 500 bis 600 Dollar, die der Einzelne erhält. Bei einer Sieben-Tage-Woche mit rund 80 Arbeitsstunden macht das einen Stundenlohn von 6,25 bis 7,50 Dollar.

Also ist im Service Höchstleistung das oberste Gebot, um wirklich jeden Gast zufriedenzustellen. Nicht nur des Geldes wegen, sondern auch, damit die Gäste wiederkommen und vielleicht gleich ein paar Freunde mitbringen. Nichts geht über gute Werbung.

Als Koch hatte ich es da ein wenig einfacher, mein Gehalt war jede Woche dasselbe, egal, wie viele Gäste wir hatten oder ob sie sich beschwerten.

Um nun also sicherzugehen, dass genügend Tassen und Teller auf der Station zur Verfügung standen, bezahlte meine Freundin dem indischen Spüler zehn Dollar pro Woche. Dadurch wurde gewährleistet, dass dieselbe Menge an Untertellern und Tassen, die zur Spüle ging, auch den Weg zur Station zurückfand. Unglaublich, aber wahr. Es wird an dieser Stelle also Geld verdient mit einer Leistung, die eigentlich ganz selbstverständlich sein sollte und ohnehin zum eigenen Job dazugehört. Allerdings verdient ein Spüler im Schnitt nur zwischen 300 und 500 Dollar im Monat, ziemlich wenig für eine Arbeit, die wirklich alles andere als leicht oder schön ist.

Es empfiehlt sich also, bereits vor Arbeitsbeginn in seinem Bereich zu sein, um sicherzugehen, dass alles an Ort und Stelle ist und um sich im Notfall die fehlenden Sachen auf die eine oder andere Weise zu besorgen.

Unter den Spülern gibt es ein paar Unterschiede. Einige spülen tatsächlich nur Geschirr, was im Grunde fast von alleine geht, es werden einfach Teller aufs Laufband gestellt, diese laufen durch die riesige Spülmaschine und fertig. Dann gibt es noch die armen Hunde in der Topfspüle und das ist, man verzeihe mir die Wortwahl, wahrhaft der schlimmste Drecksjob, den ich je gesehen habe. Von den Spülmaschinen geht eine unglaubliche Hitze aus, in der man den ganzen Tag ackern muss und dank der Speisereste in den Maschinen kommt dazu noch ein Geruch, der einen regelrecht in die Knie zwingt.

Alles läuft nach einem bestimmten Prinzip ab: Essensreste werden von den Blechen und Töpfen in den sogenannten »Food waste disposer«, eine Art Müllschlucker für Essensreste, der in der Spüle integriert ist, geschabt. Dann wird per Hand geschrubbt und gewaschen. Danach werden die Töpfe in ein großes Becken mit heißem Wasser getaucht, um Seifen- und sonstige Reste abzuspülen, und danach geht es in ein Becken mit einer desinfizierenden Chlorlösung.

Man fühlt sich wie in einer gigantischen Sauna, umringt vom ekelhaften Geruch der Speisereste.

Der Anblick, wenn die Buffets abgeräumt werden, ist einfach unglaublich. Aus hygienischen Gründen wird nichts aufgehoben, also gehen sämtliche Reste in den Food waste disposer. In der Küche wird dieser Moment »Piper-Festival« genannt, die Essensreste türmen sich regelrecht auf, es handelt sich ja nicht nur um wenige Reste, sondern um ganze Bleche mit Ragouts, ganzen Kuchen und Beilagen.

Nicht selten werden diese Augenblicke als Snackgelegenheit genutzt, es versammeln sich einige Leute, um hier und da ein wenig zu naschen. Nochmals: Guten Appetit!

Wer keine Lust auf die Reste der Gäste hatte und auch nicht in die Kantine gehen wollte, kochte selber. Oft konnte man Philippinen oder Inder beobachten, wie sie sich ihre landesüblichen Leckereien zubereiteten und in einer abgelegenen Ecke, fernab von den Blicken des Supervisors, aßen. Gegen 22 Uhr, wenn die meisten Restaurants zumachten, bahnte sich ein richtiges Wettkochen in der Crew-Küche an. Es wurde auf Teufel komm raus gebrutzelt und gekocht, mexikanisch oder auch uriges italienisches Essen, oft nach alten überlieferten Hausrezepten. Einige dieser Gerichte waren unglaublich lecker, sehr oft führte mein Weg zur Kabine durch die Crew-Küche, um hier und da ein wenig zu probieren.

Oberkellner und Restaurantleiter hatten es ein wenig einfacher, an besondere Leckereien zu kommen. An den Tagen, an denen es etwas Besonderes gab, beispielsweise Hummer, wurde eine kleine Geldsumme an den zuständigen Sous-Chef bezahlt. Nachdem dann der Service beendet war und alle Gäste sich den anderen Örtlichkeiten wie den Bars und dem Theater widmeten, wurde in der Küche ein Teil der übrigen Speisen auf Bleche umgelegt, um dann von einem zugeteilten Kellner in die Crew Mess gebracht zu werden. Dort musste er dann selbstverständlich auch den Tisch decken, damit die noble Herrschaft mit Anstand speisen konnte. Selbstredend gab es auch Wein und andere Getränke, aber wie gesagt nur für die Oberkellner und

Restaurantleiter. Ab und zu befanden sich auch junge Mädchen an diesen Tischen, die sich durch eine freizügige körperliche Haltung eine höhere Position erhofften ...

Meine Erziehung war immer von Gerechtigkeit und Menschenverstand geprägt, ein großer Dank geht an meine Eltern, die den größten Teil dazu beigetragen haben.

Viele Ereignisse, die auf meinen Reisen mit Kreuzfahrtschiffen passiert sind, empfand ich einfach als nicht richtig und ungerecht.

Durch das sehr gute Verhältnis, das ich zu den obersten Küchenchefs aus Los Angeles hatte, bekam ich die Gelegenheit zu einem privaten und sehr vertraulichen Gespräch mit dem höchsten aller Küchenchefs. Er war zugleich auch der Food-Director für die ganze Reederei. Alle paar Monate bekam jedes Schiff Besuch von diesen Leuten, die sich ein Bild machten von der momentanen Lage und der Qualität an Bord. Von diesem Gespräch wusste außer den Corporate-Chefs, die es organisiert hatten, niemand. Ort des Gespräches war seine Kabine, die sich selbstverständlich im Gästeteil des Schiffes befand.

Um mit ausreichend Gesprächsstoff dort aufzutauchen, sprach ich mit ein paar Leuten über ihre Probleme und Schwierigkeiten. An diesem Tag sprachen mich ein paar Philippinen an, die es als falsch und ungerecht empfanden, für einige Sous-Chefs die Drecksarbeit zu machen, indem sie Teil dieser Geschäfte wurden, ohne dabei wirklich beteiligt zu werden. Natürlich hat diese Geschichte, wie alle, zwei Seiten. Zum einen möchte jeder Geld verdienen, egal, wie. Auf der anderen Seite stand der Aspekt, dass es falsch und für mich Diebstahl gegenüber der Company war. Daher nahm ich mich sehr gerne dieses Problems an und versuchte, alles so gut wie möglich zu schildern, um die Probleme ins richtige Licht zu rücken. Einer der Sous-Chefs wurde später gefeuert und er wird wohl nie wieder einen Job an Bord eines Kreuzfahrtschiffes finden.

Weil die Vorgesetzten meinen Einsatz schätzten und mich in der Reederei behalten wollten, wurde mir und meiner Partnerin ein Job auf der »Königin der Meere« zugeteilt, den wir nach Ablauf unseres laufenden sechsmonatigen Vertrags auch gerne annahmen. Man sagte mir, dort wäre alles anders, der Standard wäre bei Weitem höher und dort arbeiteten nur die Besten der Reederei. Das klang ja alles sehr gut, aber leider waren die Probleme und die dunklen Geschäfte auch auf diesem Schiff dieselben.

Eine weitere sehr geschäftstüchtige Idee war der Verkauf von Arbeitszeit. Um das ein wenig zu veranschaulichen, hier kurz das Beispiel meiner Partnerin.

Von sehr großem Vorteil war und ist es, in einem der vielen Spezialitäten-Restaurants zu arbeiten. Warum? Ganz einfach: Diese öffnen nur zum Dinner. Und damit werden die Kellner dieser Restaurants morgens und mittags nicht wirklich benötigt, da die Buffet-Restaurants und das Hauptrestaurant ihre eigenen Leute haben, die in drei Schichten die Gäste bedienen. Die Kellner der Spezialitäten-Restaurants werden kurzerhand zu anderen Aufgaben eingeteilt. Der wohl größte Vorteil ist der, dass man nur in zwei Schichten arbeitet. Meine Partnerin hatte so den wirklich tollen und befriedigenden Job, Besteck in Papierservietten zu packen, und das ganze fünf Stunden lang. Selbstverständlich gab es dazwischen eine Lunch-Pause. In einen winzigen Raum eingeengt, wurde bis 14 Uhr über Gott und die Welt philosophiert oder ganz einfach der MP3-Player ausgepackt, um während dieser auf Dauer doch recht eintönigen Arbeit ein wenig Abwechslung zu bekommen.

Nun gibt es andere Crew-Mitglieder, deren Dienst etwa Frühstück, Teatime und Dinner umfasst und die somit zwischen neun und 14 Uhr Pause haben. Um zusätzliches Geld zu verdienen, verkaufen einige nun ihre Pause und übernehmen die

Schicht der anderen, sodass die wiederum selbst in diesem Zeitraum Freizeit haben. Besonders beliebt ist dieser Schichtverkauf, wenn das Schiff in begehrten Häfen wie San Francisco oder New York Halt macht.

Selbstverständlich ist diese Auszeit alles andere als billig. Je seltener ein Hafen angelaufen wird, umso höher der Preis, den man dafür zahlt, genau dann Freizeit zu erhalten.

Während unserer Reise entlang der Westküste der USA war San Francisco ein Hafen, den wir auf dieser Route nur einmal angelaufen haben. Der Preis für eine Schichtübernahme war dementsprechend gigantisch. Es galt also, rechtzeitig eine geeignete Person zu finden, da nicht nur wir die Idee hatten, einen ausgedehnten Landausflug durchzuführen. Satte 200 Dollar musste meine Partnerin hinlegen, um für fünf Stunden der Arbeit fernbleiben zu können. Probleme mit Vorgesetzten gab es keine, da die Arbeit ja von einer anderen Person weitergeführt wurde.

Bei mir ging alles ein wenig einfacher und unkomplizierter. Mein Arbeitstag begann um sieben Uhr und ich arbeitete als verantwortlicher Koch im Steakhouse. Ich hatte eine kleine Station in der Vorbereitungsküche, meine einzige Aufgabe galt dem »mise en place« (der französische Küchenfachbegriff für »an den rechten Ort gestellt«), mit anderen Worten, ich bereitete vor. Da es dabei nicht wirklich viel zu tun gab, bekam ich die Schnippelarbeit von einer anderen Station dazu. Auf jeden Fall war es sehr einfach und mit der richtigen Planung war es ohne Probleme möglich, sich schon nach einer Stunde unbemerkt aus dem Staub zu machen.

Mit mir arbeiteten fünf weitere Köche von den Philippinen in dieser Vorbereitungsküche. Da ich mit der Zeit immer schneller wurde und eher fertig war als andere, half ich meinen Kollegen, damit sie etwas schneller in die Pause gehen konnten. Somit hatte ich sie auf meiner Seite, als ich mir einen Ausflug gönnte, und wenn einer der Vorgesetzten nach mir suchte, hieß es eben, ich sei entweder in der Pause oder in anderen Restaurants unterwegs.

Dank dieser Taktik war es mir möglich, recht viele lange Ausflüge zu unternehmen.

So gelang auch ohne weitere Probleme ein herrlicher Trip in eine der für mich schönsten Städte überhaupt. San Francisco zeigte sich an diesem Tag von seiner besten Seite samt wolkenlosem Himmel und hochsommerlichen Temperaturen. Neben einer ausgiebigen Stadtrundfahrt standen Shopping und Entspannung auf unserer Liste und erst um 16 Uhr führte unser Weg zurück zum Schiff und in den Schiffsalltag.

Auf der Reise durch die weiten Gletscher und
Fjorde Alaskas fragte ein Gast den Kellner:
»Um welche Zeit sehen wir denn wieder die Wale?«

Antwort des Kellners:
»Die Shows finden immer um 16 und 18 Uhr statt.«

Wo bleibt der Doktor?

Ob nun Knochenbrüche, Zahnweh oder sonstige kleine und große Verletzungen, alle haben sie eines gemeinsam: Sie stellen auf modernen Kreuzfahrtschiffen keinerlei Problem dar.

Durch eine hervorragende Ausstattung sind sogar kleinere Operationen möglich und fast alles ist behandelbar. Ein hoch qualifizierter Arzt und sein Team sind jederzeit dazu da, den Passagieren und selbstverständlich auch der Crew bestmögliche Behandlung anzubieten.

Um im Fall der Fälle eine Behandlung so einfach wie möglich zu machen, ist es für jeden Passagier ratsam, vor Urlaubsbeginn eine Reise-Krankenversicherung abzuschließen, damit ein kleines Missgeschick nicht schnell zum kostspieligen Abenteuer wird.

Die Besatzung braucht sich diesbezüglich keine Sorgen zu machen, freie Heilfürsorge ist selbstredend und Teil des Arbeitsvertrages.

Sollte jedoch einmal der Fall eintreten, dass etwas nicht an Bord behandelt werden kann, wird der Gast oder das Crew-Mitglied im nächsten Hafen zum Spezialisten gebracht oder ins Krankenhaus gefahren.

Eine Frage, die viele Leute interessiert, ist wohl die: Was geschieht eigentlich, wenn jemand auf hoher See verstirbt?

Nun, an die Fische wird derjenige jedenfalls nicht verfüttert und auch nicht zwischen Lebensmitteln im Kühlhaus gelagert. Speziell für solch einen tragischen Fall haben alle Kreuzfahrtschiffe eine bestimmte Anzahl von Kühlfächern, die auch wirklich nur für diese Notfälle gedacht sind.

Trifft dieser Fall oft ein?

Nun ja, es ist sicher nicht die Regel. In meiner Zeit auf drei verschiedenen Schiffen gab es allerdings fünf dieser Zwischenfälle.

Die meisten Ursachen dafür sind Kreislaufprobleme bei älteren Menschen und plötzlicher Herzstillstand.

Von einigen Crew-Mitgliedern erfuhr ich Geschichten über Passagiere, die eine Kreuzfahrt für einen Selbstmordversuch nutzten und sich von einem der oberen Decks 20 Meter in die Tiefe stürzten. Sogar mit Rettungsweste am Leib kann dieses Manöver schnell zum Letzten werden. Bei unseren so beliebten Rettungsübungen wurde uns die richtige Technik erklärt, um mit der Weste solch einen Sprung zu überleben. Rettungswesten bestehen aus einem sehr harten und schwimmenden Schaumstoff. Durch den extremen Auftrieb, den sie besitzen, schießen sie bei einem Aufprall aus 20 Metern Höhe gegen den Kopf und können auf diese Weise das Genick brechen. Um das zu vermeiden, werden die Arme vor der Brust über Kreuz an die Weste geklammert. Damit versucht man, den Auftrieb durch starkes Runterdrücken zu vermeiden.

Zu einem der mysteriösesten Todesfälle meiner Schiffslaufbahn kam es, als ein Philippine ohne jeden ersichtlichen Grund über Nacht verstarb. Er war gerade mal 30 Jahre alt gewesen und sein Tod war für uns zunächst völlig unerklärlich. Es konnte an Bord auch nichts festgestellt werden, was Ursache dafür hätte sein können. Wegen der starken Gläubigkeit der meisten Philippinen wurde ein Priester extra aus Manila eingeflogen, um die bösen Geister aus der Kabine zu vertreiben.

Ob diese Maßnahme erfolgreich war, ist schwer zu sagen, denn auch nach den vielen mystischen Worten wagte es immer noch niemand, die Kabine zu betreten.

Auch für mich ist der Gedanke, in demselben Bett zu liegen, in dem vor Kurzem jemand verstorben ist, nicht angenehm und selbst mir läuft dabei ein Schauer über den Rücken.

Abgesehen von solchen Tragödien, die zum Glück Einzelfälle sind, gibt es eine Sache, die es vermag, ganze Schiffe lahmzulegen und sie in Quarantänezustand in einem Hafen festzusetzen.

Die Rede ist vom »Norovirus«, einer Magen-Darm-Infektion, die sich in Windeseile dank hochgradiger Ansteckungsgefahr über das ganze Schiff verbreiten kann. Immer wieder kommt es auf Schiffen zu derartigen Masseninfektionen, allerdings ist das Virus in den meisten Fällen rasch unter Kontrolle zu bringen, sodass es nicht zu weiteren Zwischen- oder gar Todesfällen kommt.

Die wichtigsten Merkmale des Norovirus sind heftiges Erbrechen und ebenso heftiger Durchfall. Es handelt sich dabei um ein Virus, das schon durch Berührung verunreinigter Gegenstände oder einen Händedruck übertragen werden kann. Es reicht, ein infiziertes Geländer anzufassen, eine streichende Bewegung über den Mund erledigt dann Rest. In der Regel hält sich das Virus 24 Stunden lang im Körper des Erkrankten und ruft Übelkeit, Erbrechen und Durchfall hervor. Die Symptome halten drei bis vier Tage an und klingen meist wieder von alleine ab. Zwar ist das Virus nicht sehr gefährlich, aber dafür extrem hochansteckend. Besonders Treppengeländer oder auch der Fahrstuhl werden schnell zum Verbreitungsort Nummer eins, weil gerade dort sehr viele Passagiere unterwegs sind, und es reicht, wenn eine infizierte Person das Geländer zuvor berührt hat. Ohne Probleme überlebt das Virus auf solchen Oberflächen bis zu 24 Stunden und hat genug Zeit, neue Opfer zu finden.

Häufiges Händewaschen und Desinfizieren und größtmögliche Hygiene sind von höchster Wichtigkeit für infizierte Personen sowie für Passagiere oder Besatzungsmitglieder, die es noch nicht haben.

Auf allen drei Schiffen, auf denen ich gearbeitet habe, kam es immer wieder zu kleinen Ausbrüchen des Norovirus, welcher aber schnell unter Kontrolle gebracht wurde. Wird das Virus etwa bei einer Person diagnostiziert, wird für drei Tage strengste Quarantäne in der Kabine erteilt, um einen Ausbruch zu vermeiden. Der Infizierte bekommt alle Mahlzeiten direkt ans Zimmer geliefert. Nach dieser Quarantänezeit sollte in den meisten Fällen alles wieder in Ordnung sein, und der Patient darf sich wieder frei auf dem Schiff bewegen.

Von vielen Gästen wird so ein Fall leider mit Unverständnis aufgenommen, da selbst Landausflüge nicht genehmigt werden und eine Woche Seeurlaub ein kleiner Albtraum werden kann, wenn man davon Minimum drei Tage unter Quarantäne gestellt wird.

Richtig schlimm wird es allerdings sowohl für Passagiere als auch für die Besatzung, wenn der Ausbruch nicht unter Kontrolle zu halten ist und sich einige Hundert Menschen infizieren und täglich neue Erkrankte dazu kommen. Sollte dieser Fall eintreten, werden alle Alarmglocken geläutet und es beginnen jede Menge Maßnahmen, um das Virus unter Kontrolle zu bekommen.

Neben der bereits beschriebenen Quarantäne sind ganztätig Reinigungsteams unterwegs, bewaffnet mit Desinfektionsspritzflaschen. Es wird alles nur Erdenkliche eingesprüht, angefangen mit Geländern, Fahrstuhlschaltern und was sonst noch in Kontakt mit vielen Menschen kommen kann.

Auch die Restaurants haben ihre eigenen Maßnahmen, um das Virus im Fall der Fälle einzudämmen. So muss sich zum Beispiel jeder Gast vor dem Betreten die Hände desinfizieren. Dafür wird ein Crew-Mitglied beauftragt, den ganzen Tag über den Passagieren das Desinfektionsgel auf die Hände aufzutragen, um sicherzugehen, dass auch jeder diesen Schritt geht.

Allerdings gibt es auch bei dieser Maßnahme oft Unverständnis vonseiten der Gäste. Sehr oft musste sich meine Freundin in solchen Situationen von Gästen anhören, dass sie doch gar nicht krank seien und es unverschämt sei, sie so zu behandeln. Dass es hierbei darum geht, das Virus einzudämmen, damit sie eben nicht krank werden, wird von vielen Passagieren schlichtweg nicht gesehen.

Einmal musste sich meine Partnerin von einer amerikanischen Dame anhören, dass sie gegen das Mittel allergisch sei und nicht damit in Berührung kommen dürfe. Solche Desinfektionsmittel bestehen hauptsächlich aus Alkohol, und am selben Abend traf man die Dame an der Bar an, wo sie Unmengen von Cocktails genoss ...

Also bitte, liebe Kreuzfahrtpassagiere, wir tun so etwas nur, um Ihnen den Urlaub so angenehm wie möglich zu machen und nicht, um irgendjemanden zu ärgern.

Wenn also auf Ihrer Reise so ein Fall eintritt, ist es nur zu Ihrem eigenen Besten, denn besser so, als drei Tage krank auf der Kabine zu liegen.

Weitere Maßnahmen waren zum Beispiel auch, dass es an den Buffets keine Selbstbedienung mehr gab. Alles wurde von einem mit Handschuhen und Vorlegebesteck ausgestatteten Besatzungsmitglied auf die Teller der Passagiere gelegt.

Glauben Sie mir, diese Maßnahmen sind nicht nur für Sie als Gast unangenehm. Die Anzahl der Extra-Stunden, die die Besatzung in so einem Fall arbeiten muss, ist keine Erholung. Selbst jeder einzelne Kugelschreiber, mit dem man im Restaurant oder an der Bar seine Rechnung unterschreibt, wird nach jeder Benutzung desinfiziert.

Sehr unschön anzuschauen sind die Momente, in denen sich infizierte Passagiere in Restaurants oder an anderen öffentlichen Orten erbrechen. In Windeseile wird dann der gesamte Bereich großzügig abgesperrt, das erinnert jedes Mal ein wenig an eine Tatortabsperrung der Polizei. Ein Reinigungskommando in Overalls und Atemmaske hat dann die wenig erfreuliche Aufgabe, die Überreste von Frühstück und Lunch zu beseitigen.

Diese Maßnahmen finden so lange statt, bis keine neuen Erkrankungen mehr auftreten. Sollte aber der Fall eintreten, dass innerhalb von sechs Stunden weitere sechs Neuinfizierungen dazukommen, tritt der so genannte »Code Red« in Kraft. Das bedeutet, dass das Schiff in Vollquarantäne gesetzt wird. Dabei werden alle Passagiere gebeten, sich 24 Stunden lang nur in ihren Kabinen aufzuhalten. Eingeteilte Besatzungsmitglieder haben dann die Aufgabe, großflächig mit speziellen Reinigungsmitteln das Virus in den Griff zu bekommen. In den meisten Fällen reichen diese Maßnahmen auch aus.

Sollte es aber auch dann noch zu neuen Erkrankungen kommen, werden drastischere Maßnahmen eingeleitet, die zudem auch noch sehr kostspielig werden. Hierzu wird das Schiff im nächsten Hafen einer Komplett-Desinfizierung unterzogen und zusätzliche Crew-Mitglieder werden eingeflogen, um bei der Arbeit zu helfen. Außerdem werden Teppichreinigungsfirmen angeheuert, die sämtliche Teppiche und Bodenbeläge dampfreinigen und mit speziellen desinfizierenden elektrostatischen Sprays werden selbst die unzugänglichsten Stellen behandelt.

Dieser Vorgang wird in der Regel dreimal innerhalb von 72 Stunden durchgeführt, um die 36 Stunden Inkubationszeit, die das Norovirus normalerweise hat, auszuschalten.

Ein Gast wollte bei uns im Steakhouse eine Reservierung machen und sagte: »Ich hätte gerne einen Tisch für drei … … drei Vegetarier.«

Darauf der Kellner: »Kein Problem, dann lassen wir einfach das Steak weg und Sie haben Kartoffel und Ofentomate auf dem Teller. Das bekommen Sie allerdings auch im Buffet-Restaurant und dort ist es für Sie umsonst, bei uns zahlen Sie allerdings Aufschlag, egal, was Sie essen.«

Wilde Partys und Zweisamkeit

Wer denkt, dass die einzigen Menschen, die Spaß an Bord haben, die Passagiere sind, irrt sich gewaltig.

Wie ich anfangs schon mal erwähnt hatte, wird für das Wohlergehen der Besatzung sehr viel getan. Disco ist für die Crew kein Fremdwort und wird zu den unterschiedlichsten Anlässen bis in die frühen Morgenstunden veranstaltet. Ob nun der philippinische Nationalfeiertag oder der mexikanische, es wird zu allen möglichen Anlässen eine Riesenparty geschmissen. Ein kleines Mitternachtsbuffet mit üblichen, länderspezifischen Leckereien gibt es, dazu Unmengen von Bier und anderen Getränken. Ohne Zweifel gehörten der indische Nationalfeiertag und der mexikanische zu meinen Favoriten. Ich genoss jeden Bissen der mit Liebe zubereiteten Spezialitäten.

Immer wieder ein Event, der Hunderte Crew-Mitglieder zusammenbrachte, war der Bingo-Abend, an dem es neben Geld auch technische Spielereien und andere Preise zu gewinnen gab. Auch ich war immer dabei, um dem Hauptpreis von 4000 Dollar ein Stückchen näher zu kommen. Ich kaufte in der Regel drei Scheine und bezahlte 30 Dollar dafür. Ein solcher Bingo-Abend begann normalerweise abends gegen 23 Uhr, denn zu dieser Zeit war es dem größten Teil der Besatzung möglich, daran teilzunehmen. In den ersten drei Runden gab es immer Sachpreise zu gewinnen, aber in den Runden vier und fünf ging es nun um die Geldpreise. Die Stimmung war jedes Mal großartig und die Crew Mess bis unter das Dach gefüllt. Bei jeder neuen Zahl, die gezogen wurde, stieg die Stimmung, und alle waren am Mitfiebern. Jede neue Zahl wurde mit großem Geschrei auf den Scheinen markiert, immer in der Hoffnung, nun die Gewinnerkombination ergattert zu haben. Ich selbst hatte leider nie Glück und musste mich immer wieder damit begnügen, dass der Spaß wichtiger war als der Verlust des investierten Geldes.

Meistens begaben wir uns im Anschluss noch an die Bar, um uns mit anderen Kollegen über die Ereignisse des Tages auszulassen.

Wer als Single an Bord eines Schiffes kam, brauchte sich nicht allzu viele Sorgen zu machen, denn damit war er nicht alleine.

Mit 21 Jahren bekam ich meinen ersten Vertrag auf dem Clubschiff. Mit meinem besten Freund und Arbeitskollegen fuhr ich nach Rostock zum Vorstellungsgespräch, in der Hoffnung, dass wir gemeinsam einen dieser begehrten Jobs bekommen würden. Ein paar Wochen später erfuhren wir, dass nur ich den Job bekommen hatte.

Die Vorfreude darüber war bei mir gigantisch, das war der erste Schritt zu vielen Auslandsaufenthalten, die ich danach machte.

Es war November 1999, in Deutschland zeigte sich der Herbst von seiner schlechtesten Seite, mit viel Regen und kalten Temperaturen, und umso mehr freute ich mich darauf, endlich aufzusteigen, da die sechsmonatige Reise hauptsächlich durch die Karibik gehen sollte. Ein Flugzeug brachte mich nach Palma de Mallorca, und von hier aus ging es auf das Schiff, das seine Atlantiküberfahrt bis in die Karibik machte. Sonnenschein und klares Wasser begleiteten uns nun über die nächsten sechs Monate. Partys fanden regelmäßig statt, ob in den Kabinen oder auf dem Pooldeck.

Einer der größten Vorteile, auf dem Clubschiff zu arbeiten, war der Aspekt, dass es der Crew unter bestimmten Voraussetzungen erlaubt war, sich frei auf dem Schiff zwischen den Passagieren zu bewegen. Somit hatte jeder die Gelegenheit, sich entweder an einer der vielen Bars oder in der schiffseigenen Disco zu amüsieren. Wer Theater mochte, hatte auch Gelegenheit, sich eine Show in voller Länge anzuschauen. Aber um in diesen Genuss zu kommen, musste man sich vorher bei seinem Vorgesetzten eine sogenannte »Lecher Card« besorgen.

Damit sich nicht jeden Tag die gesamte Besatzung im Passagierbereich aufhielt, hatte jedes Department eine bestimmte Anzahl dieser Karten. Nachdem man sich darum gekümmert hatte, eine dieser begehrten Karten zu ergattern, stand einer partyreichen Nacht nicht viel im Wege.

Sehr beliebt waren bei der Besatzung immer wieder die Poolpartys, die unter verschiedenen Mottos liefen. Dabei war es Pflicht, sich in möglichst ausgefallene Outfits zu quetschen.

Der einfachste Weg war für mich, zu den netten Leuten vom Theater zu gehen, die natürlich eine riesige Auswahl feinster und durchaus verrückter Kleider besaßen. Unter sternenklarem Himmel und bei tropischen Temperaturen feierten und tanzten wir bis in die frühen Morgenstunden. An Schlafen wurde damals nie gedacht. Mit 21 Jahren hatte ich mehr als genug Energie, um mich nach einem kurzen Frühstück sofort wieder in die Arbeit zu stürzen.

Ein großer Vorteil für die Besatzung war auch der Preisnachlass, den wir an allen Bars bekamen. Mit der eigenen Bordkarte war es möglich, überall zu bezahlen, und bei 50 Prozent Rabatt genoss ich diesen Luxus in vollen Zügen.

Am Ende jeden Monats bekam ich meine Gesamtrechnung, und sehr oft musste ich dabei feststellen, dass ich manches Mal wohl zu ausgelassen gefeiert hatte. Es kam nicht selten vor, dass mir meine Rechnung mit über 800 Euro für ein paar Tage gründlich den Spaß verdarb.

Ich war damals Koch im »Gourmet Restaurant«, und nachdem meine Gästebewertung die höchste des letzten Jahres wurde, gewährte man mir sehr viele Freiheiten. Eine Lecher-Karte zu bekommen war nun kein Problem mehr und so konnte ich ein ausschweifendes Singleleben führen.

Unser Küchenhäuptling war ein zu kurz geratener Wichtigtuer, der es liebte, seine Position in vollen Zügen auszunutzen. Oft kam er morgens gegen zehn Uhr in die Küche, und nachdem er sich kurz erkundigt hatte, ob alles im grünen Bereich sei, begab er sich auch schon zu einer seiner vielen Liebschaften, die in den meisten Fällen eine Passagierin war.

An einem Abend wie jedem anderen begab er sich im Restaurant unter die Gäste und fragte nach, ob denn alles zur Zufriedenheit sei, alle Wünsche erfüllt und alle Bäuche voll wären. Genau an diesem Abend stellte er mich einer Gruppe von Gästen vor, mit der er schon die ganze Woche über in Kontakt war. Schnell wurde mir bewusst, dass besonders eine Person es ihm anscheinend angetan hatte, ich ihm aber nun, wie sich später herausstellte, leider einen Strich durch die Rechnung gemacht hatte. Die Dame, um die es ging, traf sich noch am selben Abend in einer der vielen Bars mit mir. Nach ein paar Cocktails und interessanten Gesprächen führte uns der Weg in ihre Kabine. Von Luxus war dabei nicht die Rede, und somit gab es auch hier kein Fenster oder ein Bullauge, alles war recht einfach gehalten. Ich denke, sie war um die 30 Jahre alt – natürlich fragte ich als Kavalier nicht nach dem Alter. Jedenfalls wurde ich nun für ihre letzte Woche an Bord ihr Sexspielzeug.

Natürlich ist es der Crew, auch wenn die Gelegenheit, mit Passagieren zu interagieren, da ist, nicht gestattet, sich in den Kabinen der Gäste aufzuhalten. Aber es war nicht wirklich schwierig, sich mithilfe verschiedener Personalwege unbemerkt einen Weg in ihre Kabine zu suchen.

Am Ende ihrer Reise ging es für sie von Santo Domingo mit dem Flieger zurück nach Deutschland, und nachdem der Küchenzwerg von meiner Aktion Wind bekommen hatte, musste ich neben dummen Sprüchen auch noch hier und da auf die Lecher-Karte verzichten.

Solche Zwischenfälle, bei denen die Crew in so engen Kontakt mit Passagieren tritt, sind keine Seltenheit. Erst recht nicht, wenn man sich frei auf dem Schiff bewegen darf. Als Single hatte ich dabei in keinster Weise ein schlechtes Gewissen und genoss jeden dieser Momente.

Aber es gab ja nicht nur Singles, die jeden Moment ausnutzten, sondern auch sehr viele verheiratete Besatzungsmitglieder, deren Frauen und Kinder zu Hause auf die Rückkehr warteten. Manch einem war der Begriff »treu« gänzlich unbekannt ...

Auf einem anderen Schiff blieb mir eine Person ganz besonders im Gedächtnis. Von rumänischer Abstammung und mit einem recht umgänglichen Charme gesegnet, legte er einfach alles flach, was zwei Beine besaß. Nach der einen oder anderen Liebschaft beschloss er sogar, sich mit einem Mädchen die Kabine dauerhaft zu teilen. Etwa drei Monate später kündigte sich seine Frau samt einer Freundin an, sie wollten Urlaub auf diesem Schiff machen. Schnell wurden die Zimmer getauscht und anderen Personen falsche Geschichten erzählt, damit dieser Coup nicht aufzufliegen drohte, was auch gelang. Als wäre nichts passiert, verhielt er sich gegenüber seiner Frau so neutral wie möglich. Ich dachte, wenigstens einer würde sich verquatschen, ihr die Augen zu öffnen versuchen und ihr klar machen, was wirklich passierte, aber anscheinend brachte er mit seinem gut bezahlten Job an Bord des Schiffes so viel Geld mit nach Hause, dass sie sich weiterhin ein sorgenfreies Leben in Rumänien leisten konnte und manches vielleicht auch gar nicht wissen wollte.

Es bedurfte des richtigen Timings, um der Wollust freien Lauf zu lassen. Meistens reichte es aus, so lange zu warten, bis der Zimmerkamerad seine Arbeitsschicht begann, um sich dann nach Lust und Laune auszutoben. Wem das aber nicht möglich war, der konnte auch einfach die Vorhänge, die alle Doppelstockbetten besaßen, nutzen, um Blicke fernzuhalten. Den Geräuschpegel flach zu halten, lag dann aber immer noch an den beiden Liebenden selbst. Verärgerte Worte vom Kabinenmitbewohner wurden am nächsten Tag schnell bei einem Bier vergessen, und alles fing von Neuem an.

Ich rate allen davon ab, sich auf Kreuzfahrtschiffen zu verlieben. Meistens bleibt es bei der Zweisamkeit auf den Schiffen, diese Liebschaften bringen selten genügend Substanz mit sich, um in einer starken Beziehung an Land zu münden. Selbstverständlich gibt es immer wieder Ausnahmen, die aber so selten sind, dass es nicht in Betracht zu ziehen ist. Davon abgesehen sind kleine Liebeleien auf Schiffen immer eine willkommene Abwechslung, um dem harten Arbeitsalltag gelegentlich zu entfliehen.

Auch wer eher das eigene Geschlecht in Betracht zieht, wird nicht zu kurz kommen und kann sich in jeder Weise austoben.

Auf den letzten beiden Kreuzfahrtschiffen, auf denen ich arbeitete, sah die Geschichte schon anders aus. Denn dort verbrachte ich meine Zeit mit ein und derselben Frau, mit der ich auch jetzt zusammen in Neuseeland lebe.

Frage vom Gast:

»Ist das Spülwasser in der Toilette

Frisch- oder Salzwasser?«

Antwort:

»Probieren Sie es doch einfach ...«

Hilfe, wo ist nur mein Pass geblieben?

In einem Zimmer ohne Fenster, in dem es von Natur aus immer dunkel ist (es sei denn, man hat das Licht angeschaltet), ist es manchmal nicht ganz einfach, sich zeitlich zu orientieren. Jedes Mal, wenn der Wecker mich aus dem Schlaf zu holen versuchte, drängte sich mir die Frage auf: Wie spät haben wir es? Ist es Morgen oder ist es schon wieder Abend? Mein erster Handgriff ging stets nach rechts Richtung Lichtschalter.

Übermüdet von der Party in der letzten Nacht griff ich eines Morgens nach dem Wecker. Es war ein Funkwecker, der auf deutsche Zeit getrimmt war und in Übersee nicht immer zuverlässig funktionierte. Er hatte eine klassische Anzeige mit zwölf Ziffern und die Zeiger befanden sich auf halb sieben. Wäre es am Abend gewesen, hätte ich verschlafen, und da das nie vorkam, war es demnach morgens.

Zähne putzen, ein paar Spritzer chlorübersättigtes Wasser ins Gesicht, wach. Die übliche Morgenroutine. Mit meinem damaligen Kabinenkameraden begab ich mich in die Crew-Kantine zum Frühstück, welches aus Kaffee und Müsli bestand.

Durch die Bullaugen in der Kantine konnte man immer gut beobachten was draußen alles passierte und wir konnten sehen, wo wir uns gerade befanden. An diesem Tag liefen wir wie jede Woche in Santo Domingo in der Dominikanischen Republik ein und wie jede Woche verließen einige Passagiere hier das Schiff, während neue an Bord kamen, um eine erlebnisreiche Karibikreise zu beginnen.

Von ein paar anderen Crew-Mitgliedern hatten wir von einem Wasserpark erfahren, der etwa 20 Minuten vom Hafen entfernt war. Den wollten wir nun unter die Lupe nehmen – dies sollte sich später noch als großer Fehler herausstellen ...

Nachdem ich meine erste Schicht um 13 Uhr beendet hatte, traf ich mich mit drei Freunden vor dem Schiff. Mit von der Partie war auch meine damalige Schiffsgeliebte und zwei weitere deutsche Köche. Nach rund 20 Minuten kamen wir mit dem Taxi an besagtem hochgelobten Freizeitbad an. Eine etwa zwei Meter hohe Mauer umgab den Park, um die Menschen daran zu hindern, kostenlos in den Park zu gelangen. Wenn ich so darüber nachdenke, erinnerte mich das schon gewissermaßen an DDR-Zeiten ... Die Gegend um den Park war, wie es in den größten Teilen von Santo Domingos nun einmal ist, sehr arm. Die Häuserwände bröckelten vor sich hin und freilaufende Hunde suchten vergeblich einen Happen zu essen. Der Eintritt in den Park war so günstig, dass ich mich gar nicht mehr genau erinnern kann. Vorbei an einer großen Stahltür, betraten wir das Gelände, welches recht nett gestaltet war. Es gab mehrere beheizte Pools, einige Grünflächen, einen Sprungturm und eine kleine Rutsche, die von zahlreichen Kindern unter Dauerbeschlag genommen worden war.

Schnell schnappten wir uns ein paar Liegestühle, um uns von den Strapazen der letzten Nacht zu erholen und etwas Sonne zu tanken.

Ich stellte meinen Rucksack neben meine Liege, auf der ich immer noch saß statt lag, um mir einen besseren Überblick von dem Park zu machen. Keine fünf Minuten später drehte ich mich um, um ein Buch aus dem Rucksack zu nehmen – und stellte mit Entsetzen fest, dass dieser weg war. Ich traute meinen Augen nicht, in dem Rucksack war einfach alles drin, was wichtig war! Angefangen bei meiner Geldbörse mitsamt Kreditkarte, Ausweis und ein wenig Geld bis hin zu meiner Mitgliedskarte von der Lieblingsvideothek und alles war nun verschwunden. Außerdem hatte ich meine Hose und mein Shirt verloren, sodass das Einzige, was mir geblieben war, meine hauteng Badehose war, die an meinem Körper klebte. Ja, damals trug man eben hauteng, heute würde ich so etwas nicht mal mehr im Dunkeln anziehen. Aber das wohl Schlimmste, was mir passieren konnte, war, meinen Pass zu verlieren – und genau das war nun eingetroffen.

Mein Spanisch war so schlecht, dass ich mir noch nicht einmal etwas zu essen bestellen konnte, weswegen meine damalige Liebschaft Dagmar das Kommando übernehmen musste. Sie hatte viele Jahre in Südamerika gelebt und beherrschte die Sprache fließend. Zielstrebig ging sie zum Eingang mit der großen Stahltür und sprach mit einem der Zuständigen. Sie erzählte mir später, dass sie ihm gesagt hätte, dass wir von einem der großen Kreuzfahrtschiffe kämen und dass es eine Menge Probleme geben würde, falls nicht schnell eine Lösung gefunden würde.

Sie war wohl sehr überzeugend, denn nach einer kurzen Pause entschloss sich der Chef des Freibades, den Park kurzerhand zu schließen. Es kam niemand raus oder rein und um sicherzugehen, dass das auch so blieb, setzte sich einer der Angestellten mit einer etwa 1,50 Meter langen Schrotflinte vor der Tür auf einen Stuhl. So eine Flinte hatte ich das letzte – und überhaupt einzige – Mal in einem Museum gesehen! Sie sah wirklich beeindruckend und Angst einflößend aus. Der Anblick war gruselig und gab der ganzen Situation eine gewisse Würze.

Langsam wurde auch den anderen Gästen bewusst, dass es hier um etwas Großes und Wichtiges ging ... meinen Reisepass! Meinen Reisepass? Hey, dachte ich, den kann ich mir ersetzen und meine Kreditkarte konnte ich doch sperren lassen.

Aber nun fing der Zug an zu rollen und ein Ende war nicht zu sehen. Dagmar sprach unterdessen weiter mit dem Boss der Anlage, um eine Lösung zu finden. Nachdem wir auffällig im Bad herumgesucht hatten, unter anderem, um den möglichen Dieb nervös zu machen, entschloss sich Dagmar, einen Schritt weiter zu gehen. Sie begann davon zu sprechen, die Polizei einzuschalten, da ja keine Lösung in Sicht war und viele der anderen Gäste allmählich verärgert versuchten, aus dem Bad zu kommen, aber durch den Mann mit der gruseligen Flinte abgehalten wurden. Etwa 15 Minuten später kam die Polizei dann auch. Dagmar und der Boss der Badeanstalt unterhielten sich mit zwei Polizeibeamten, um ihnen einen kurzen Überblick über die Situation zu geben. Ich wollte eigentlich nur noch weg und zurück zum Schiff …

In Begleitung eines Polizeibeamten wurde es uns nun möglich, einzelne Taschen und Rucksäcke anderer Badegäste zu untersuchen. Ich kam mir dabei fast schon selbst wie ein Polizist vor. Kaum zu glauben, dass so ein Aufwand nur wegen meines Rucksackes und meines Passes gemacht wurde!

Leider hatte die Aktion wenig Erfolg und wir mussten auf Anraten der Polizei das Ganze nach etwa 20 Minuten abbrechen. Kurz darauf verließ die Polizei das Gelände, der gruselige Mann mit der noch gruseligeren Flinte verschwand irgendwo im Untergrund und langsam kam wieder Normalität in das Geschehen.

Da ich immer noch nur mit Badehose bekleidet war, entschloss sich der Boss der Badeanstalt, mir kostenlos ein T-Shirt und eine kurze Hose aus dem kleinen Andenkenladen zur Verfügung zu stellen.

Eine nette Geste, die nur leider ein weiteres Problem barg: Es gab in meiner Größe einfach nichts und so quetschte ich mich in ein viel zu klein geratenes Shirt, das hauteng an meinem Körper klebte und jeden Muskel zum Vorschein brachte. Bei der Hose sah es nicht viel besser aus und somit griff der Boss zu einer anderen Lösung: Einer seiner Mitarbeiter musste seine Hose ausziehen und sie mir geben. Ich konnte meinen Augen nicht trauen und im Nachhinein finde ich die Situation recht amüsant.

Wenig später stiegen wir aufs Schiff, um wieder in unseren normalen Alltag über zu gehen. Aber zuvor rief ich noch in Deutschland an, um meine Kreditkarte und die Bankkarte sperren zu lassen. Außerdem musste ich ja den Verlust meines Reisepasses melden, und als wir nach etwa drei Wochen wieder in Santo Domingo anlegten, durfte ich mir bei der Deutschen Botschaft einen Übergangs-Pass abholen, der mich ohne weitere Probleme nach Beendigung meines Vertrages nach Hause brachte.

Aus solchen Situationen kann man nur lernen und man wird mit der Zeit vorsichtiger, insbesondere, wenn man in einem Land unterwegs ist, in dem viel Armut herrscht.
Heutzutage muss jedes Crew-Mitglied seinen Reisepass abgeben und bekommt ihn nach Ablauf des Arbeitsvertrags zurück. Alle Formalitäten gehen automatisch vonstatten und es reicht, die Bordkarte vorzuzeigen.

Auf der East Bound Route in der Karibik
ging eine ältere Dame mit ihren deutschen
Briefmarken an die Rezeption und fragte:
»Wie viele dieser Briefmarken muss ich auf den Umschlag kleben, um ihn nach Deutschland zu schicken?«

Überrascht von so einer Frage, gab es zunächst keine
Antwort. Kurz darauf wurde die ältere Dame darauf
hingewiesen, dass ihre deutsche Briefmarkensammlung
in der Karibik keinen Wert habe und dass sie
selbstverständlich die landesüblichen Marken
auf ihren Umschlag kleben müsste ...

Schwule und Lesben erobern die Weltmeere

Da soll mal einer sagen, es würde nicht jede Marktlücke ausgenutzt werden!

Wer denkt, Menschen mit Vorliebe zum gleichen Geschlecht müssten sich heimlich unter uns verstecken oder in dunklen Clubs ihrer Leidenschaft nachgehen, hat sich gewaltig geirrt und lebt noch in längst vergangenen Zeiten.

Schon seit vielen Jahren gibt es ein wahres Imperium an Veranstaltern, die es sich zur Aufgabe gemacht haben, Reisen mit dem »gewissen Extra« anzubieten.

Einige Anbieter haben so viel Geld und so viele Kunden, dass sie ganze Kreuzfahrtschiffe mieten und sie auch ohne Probleme voll bekommen.

Was bei solchen Reisen so passiert?

Nun, aufgepasst, denn ich hatte das Vergnügen, bei einer dieser Touren mit an Bord zu sein …

Es war, wie immer, einer dieser normalen Tage. Morgens aufstehen, frühstücken, arbeiten … Es gab eines der Meetings mit unserem Küchenhäuptling, bei dem wir auf bevorstehende Ereignisse vorbereitet wurden. So wurde uns zum Beispiel erzählt, wie wir beim letzten Hygiene-Check abgeschnitten hatten oder ob neue Kollegen an Bord kommen sollten. An diesem Tag wurde uns nun die frohe Kunde mitgeteilt, dass uns eine Schwulen und Lesben-Kreuzfahrt bevorstand, und um uns einen Einblick auf die bevorstehenden Abläufe zu geben, gab man uns einen Merkzettel mit wichtigen Informationen. Es gab jede Menge Bla Bla, vieles, was nicht der Rede wert war und daher einfach überlesen wurde. Die wichtigsten Punkte waren: Fotos von Gästen im Passagierbereich waren verboten, des Weiteren sollte es in jedem Fall vermieden werden, Gäste anzustarren oder unüberlegte Bemerkungen abzugeben. Hmmm, dachte ich mir da nur, ohne Grund gab es diese Regeln bestimmt nicht und somit wartete ich gespannt ab, was uns diese Woche bescheren würde.

Zu dieser Zeit hatten wir Alaska mit seinen atemberaubenden Gletschern und Fjorden hinter uns gelassen und es verschlug uns für die nächsten Wochen weiter runter an der Westküste der USA. Unser Heimathafen war Los Angeles, von dort aus ging es unter anderem nach San Diego, Mazatlán und Puerto Vallarta in Mexico.

Da unser Schiff zu groß für stadtnahe Häfen war, legten wir immer recht weit vom Stadtzentrum von Los Angeles und in der Nähe eines Containerhafens an. Am Hafen selbst befand sich ein riesiger Container-Dschungel und außer einem Internetcafé und einer kleinen Imbissbude, die von der Crew regelrecht überfallen wurde, gab es nicht viel. Ein beliebter Ort war ein Laden direkt gegenüber der Hauptstraße, in etwa 15 Fußminuten zu erreichen, der mit dem neuesten elektronischen Schnickschnack der Crew das Geld aus der Tasche zog. Ob nun Digitalkameras, Handys oder übergroße Fernseher, die eh in keine Cabine passten, alles gab es dort und das zu einem sehr guten Preis.

An diesem Tag traf auch mich die Kauflust und ich entschied mich, mir eine neue digitale Kamera zu kaufen. Zu dieser Zeit hatte man in Deutschland kaum was von zehn Megapixeln gehört und ich konnte mich glücklich schätzen, eine solche Kamera zu besitzen. Mit Zeitdruck im Rücken begab ich mich zurück an Bord, wo der normale Alltag auf mich wartete. Vor dem Schiff im Hafengelände befanden sich mittlerweile Unmengen von Frauen und Männern, die darauf warteten, ihre Kabinen zu stürmen.

Erst auf den zweiten Blick erinnerte ich mich, was uns diese Woche erwartete. Schwule und Lesben sollten diese Woche das Schiff auf den Kopf stellen und waren bereit, jede Menge Geld dazulassen. Ich erblickte Menschen aus allen Schichten und jeder Herkunft, schwarz und weiß, alt und jung, und sie alle waren gekommen, um jede Menge Spaß zu haben.

Mittlerweile zeigte meine Armbanduhr vier Uhr an und es wurde höchste Zeit, meiner Arbeit nachzugehen, denn es warteten jede Menge neue Gäste mit riesigem Hunger, um im Steakhouse meine Gerichte zu schlemmen. Mein Arbeitsplatz hatte den Vorteil, dass ich morgens meine Ruhe hatte und meine Vorbereitungen für den Abend in einer der Vorbereitungsküchen machen konnte, und abends stand ich Seite an Seite mit den Jungs vom Buffet-Restaurant. Ich kochte die Bestellungen und die Kellner brachten die Gerichte in das nahegelegene Steakhouse.

Auf diese Weise hatte ich immer einen netten Überblick und konnte die Gäste dabei beobachten, wie sie sich die kleinen Plastikteller mit Vor-, Haupt- und Nachspeise beluden. Oft fragte ich mich, ob viele der Gäste, besonders der amerikanischen, einfach keine Zeit hatten oder zu faul waren, sich ein zweites Mal auf den Weg zum Buffet zu machen, so überladen waren die Teller.

An diesem Abend bekamen wir schon mal einen kleinen Vorgeschmack auf die Woche. Mein erster Schock kam in Form einer kleinen Gestalt, etwa 1,60 Meter hoch, dunkle Haut, etwa 30 Jahre alt, kurze Haare. Bekleidet war dieser zweifellos erwachsene Mann mit einem knallroten Tutu, wie ich es bislang nur von Ballerinas kannte, dazu ein Schirmchen in der Hand. Ich musste wirklich zweimal hinschauen, um zu glauben, was ich sah. Nun verstand ich auch, was es mit unserem Merkzettel auf sich gehabt hatte.

Ich fühlte mich wie unter Narren und es fiel schwer, nicht hinzuschauen, da ich so was nur von der Love Parade in Berlin kannte.

Zum Glück waren nicht alle Gäste so extrem bekleidet wie dieser Herr, es gab auch normal angezogene in jeder Altersklasse. Einige dieser Gäste hätte ich, rein dem Aussehen nach, einer Harley Davidson-Gang zugeordnet und fragte mich, was sie auf dieser Kreuzfahrt vorhatten. Mein Bild von Schwulen war bisher das von äußerst gepflegten Männern in teurer Designer-Kleidung gewesen, nicht das von Vollbärtigen in alter muffiger Lederbekleidung.

Um auf dieser Kreuzfahrt alle Wünsche zu erfüllen und damit nichts schief ging, wurde eigens ein homosexueller Kreuzfahrtdirektor mit an Bord gebracht, der offenkundig ganz genau wusste, was die Damen und Herren wünschten.

Das Programm in dieser Woche war reichhaltig und straff organisiert, jeden Abend gab es eine Themen-Party mit DJ und dazu noch diverse andere Unterhaltungsprogramme, die den Wünschen unserer Gäste entsprachen.

Nachdem eine Flagge des Organisators gehisst worden war, fuhren wir aus dem Hafen von Los Angeles und nach San Diego, danach nach Mexico.

Alleine an dem ersten Abend wurden an allen Bars so viele Umsätze gemacht wie sonst bei einer normalen Kreuzfahrt in einer ganzen Woche!

Dass die Kreuzfahrt auf Party programmiert war, merkte man sogar beim Fernsehprogramm, denn es wurde eigens ein Kanal freigeschaltet, auf dem 24 Stunden am Tag Musikvideos liefen, deren Hauptdarsteller fast ausschließlich Drag Queens waren. Die Musik bewegte sich weitgehend in der elektronischen Richtung, lag voll und ganz auf meiner Linie und gefiel auch anderen Crew-Mitgliedern sehr gut.

Es verging kein Tag, an dem nicht irgendein Kollege lustige Geschichten zu berichten hatte. Am schwierigsten hatten es wohl die Jungs und Mädels vom Housekeeping, die jeden Tag die Kabinen sauber zu halten hatten und sich durch Unmengen von Kondomen und Pornozeitschriften arbeiten mussten.

Unser Cabin-Boy, der unsere Kabine sauber hielt, erzählte

uns von den lustigen Anzeigen und Bildern an den Türen der Gästekabinen und ich musste es mir selbst ansehen, um das glauben zu können. Von einer der Küchen in den oberen Etagen gab es Zugänge zum Gästebereich und ich traute meinen Augen nicht. An fast jeder Tür befanden sich Bilder von nackten Männern, die anscheinend dazu da waren, um die Luft richtig anzuheizen. An einigen Türen gab es dann auch richtige Anzeigen und Andeutungen, zum Beispiel stand an einer Tür, direkt neben den Bildern von nackten Männern, die stolz ihre Männlichkeit in der Hand hielten: »Here is where the party is going on tonight at 10pm«. Grob übersetzt: »Hier steppt heute Abend um 22 Uhr der Bär« ... den Rest kann man sich ja ausmalen.

Aber nicht nur in den Kabinen ging es heiß her, es wurde einfach – pardon – überall gebumst, wo es nur ging. Ob nun in einem der vielen Pools oder nachts auf den Außendecks, die Geschichten von Augenzeugen gingen ins endlose. Am liebsten hörte ich mir immer den neuesten Tratsch von einem der F&B-Manager an, der auch aus Deutschland kam und jeden Abend seine Runden durch die Bars und Restaurants machte. Einmal erzählte er mir, wie oft er unmoralische Angebote von Gästen bekommen hatte und wie oft er Gäste »mittendrin« in einem der Pools erwischt hatte. Seine äußerst bildhafte Darstellung brachte mich jedes Mal zum Lachen. Einmal erzählte er mir von einer wirklich peinlichen Sache. Als er mit dem schwulen Kreuzfahrtdirektor einige Änderungen am Set up für die kommende Party besprach, versuchte dieser, der anscheinend einen Narren an ihm gefressen hatte, immer wieder seinen Hintern anzufassen. Später, als der Manager etwas am Boden an den Kabeln für die Lautsprecher zu richten hatte, ordnete der Kreuzfahrtdirektor an, einen Strahler auf sein Hinterteil zu richten. So stand der arme Kerl ungewollt im Rampenlicht und es fingen gleich ein paar Leute an, zu klatschen und zu jubeln. Ich konnte mich vor Lachen kaum noch auf den Beinen halten und hätte für nichts in der Welt mit ihm tauschen wollen.

Wenn jetzt irgendjemand denkt, ich hätte etwas gegen die Liebe mit dem gleichen Geschlecht, der irrt sich gewaltig. Ich selbst bin es zwar eindeutig nicht, habe aber doch so manchen inzwischen Geouteten im Freundeskreis, hatte auf dem Clubschiff einen schwulen Kabinenkameraden und habe in den letzten Jahren feststellen können, dass sich das Verhalten Homosexuellen gegenüber doch sehr verbessert hat. Zwar gibt es mit Sicherheit immer noch den einen oder anderen Vorbehalt, oft durch das doch sehr extrovertierte öffentliche Ausleben der sexuellen Vorlieben, andererseits bietet aber auch wieder genau das oft Anlass zum Schmunzeln.

Der Freund meines damaligen Kabinenkameraden war einer der Offiziere, was mir den Vorteil einbrachte, dass ich unsere gemeinsame Kabine sehr oft für mich alleine hatte, denn die beiden hielten sich vorwiegend in der luxuriöseren und größeren Offizierskabine auf. Damit hatte ich meinerseits zu dieser Zeit immer ein Bett frei und war für Frauenbesuche gewappnet ...

Nachdem wir Hurrikan Lenny hinter uns gelassen hatten, kehrte langsam wieder Normalität ein und alles war so, wie man sich es nur in seinen Träumen vorstellen konnte. Sonne im Überfluss, türkisblaues Wasser, welches jederzeit zum Baden einlud und Frauen in Bikinis, die mehr zeigten als verbargen.

Bevor ich auf dem Clubschiff angeheuert hatte, was nun mehr als 13 Jahre zurückliegt, arbeitete ich in einem Hotel in Osnabrück, welches zum gleichen Konzern gehörte wie das Clubschiff. Uns Angestellten war es so möglich, vergünstigt Reisen auf diesen Schiffen zu bekommen, was selbstverständlich auch rege genutzt wurde. Da die Karibik immer ein beliebtes Ziel für Kreuzfahrten ist, kamen einige meiner ehemaligen Kollegen aus Osnabrück aufs Schiff, um ihren Urlaub dort zu verbringen. Die meisten der Kollegen kenne ich nun seit langer Zeit, habe mit einigen sogar schon während der Lehre zusammengearbeitet und ich dachte eigentlich, sie daher gut zu kennen. Aber, wie so oft im Leben, wird man auch bei Freunden eines Besseren belehrt. Einer dieser Kollegen outete sich plötzlich und überraschend als homosexuell. Auf einer Poolparty entdeckte Flavio, einer unserer Animateure, die Zuneigung zu meinem Kollegen und es stellte sich schnell die Frage, wo wohl ein ruhiges Plätzchen zur Verfügung stünde, um sich ein wenig näher zu kommen. Da ich zu diesem Zeitpunkt etwas mit einer Offizierin hatte und mich selbst überwiegend in ihrer Kabine aufhielt und mein Kabinenpartner selbst ja auch meistens bei seinem Freund schlief, gab es nicht viel zu überlegen und wir überließen den beiden unsere Kabine. Ich hoffte nur insgeheim, dass sie alle Spuren der Liebe sorgfältig zu beseitigen wussten. Man wollte doch nicht einen schlechten Eindruck bekommen, nicht wahr?

Aber nun wieder zurück zur schwul-lesbischen Kreuzfahrt, die immer noch in vollem Gang war. Die Luft war elektrisiert. Einmal in der Woche zeigte unser Carving Artist (der, der immer die schönen Schnitzereien aus Gemüse und Eis zauberte), was er so kann. Vor einem vollen Publikum meißelte er in einer rasenden Geschwindigkeit einen nackten Mann in Eis, der sich, wie bei einer Pose für ein Gemälde, rekelte, und es wurde wirklich jedes Detail bis ins Kleinste verwirklicht ...

Mal abgesehen von den zum Teil immerhin recht lustigen Anmachen einiger Gäste, war diese Kreuzfahrt eine der abwechslungsreichsten überhaupt und es verging nicht ein Tag, an dem nicht etwas Lustiges passierte oder berichtet wurde.

Der letzte Abend dieser Tour wurde, wie ja eigentlich die ganze Woche, ausgiebig gefeiert. Es wurde noch einmal so richtig aufgetragen und ich fragte mich, wo unsere Passagiere nur all die Kostüme versteckt hatten. Einige dieser wirklich farbenprächtigen Kostüme waren einfach überwältigend! Andere hingegen begnügten sich, vielleicht aus Geldmangel, mit einer Art kurzem Rock, der von der Seite und von hinten Einblick auf wirklich alles bot.

Eine ältere Dame fragte mal:
»Bringt mich dieser Fahrstuhl
ganz nach vorne zum Schiff?«

Ein Kellner erklärte der alten Dame, wohin sie mit
diesem Fahrstuhl fahren konnte und wie sie ganz
nach vorne zum Schiff kam.

Was die Crew an den Passagieren nervt

Dieses Kapitel widme ich allen Besatzungsmitgliedern, die auf ihren Fahrten täglich immer wieder mit zum Teil doch recht lästigen Fragen und Kommentaren von den so geliebten Passagieren genervt werden.

Nun mal ehrlich und ganz hier unter uns, denkt wirklich irgendjemand, dass es Spaß machen würde, Tag für Tag genervten Passagieren in den Arsch zu kriechen? Und dabei auch noch stets freundlich zu bleiben?

Natürlich gibt es auch hier, wie bei allem, Ausnahmen, die ich auch gerne in den Vordergrund stellen möchte. Nämlich Menschen, die uns hier und da mit Namen ansprechen und sich auch mal für die Arbeit bedanken, die wir als Besatzung leisten. Für einen Passagier mag eine Kreuzfahrt das berühmte »once in a lifetime«-Erlebnis sein, für die Crew ist es eine sich wöchentlich wiederholende Tretmühle mit immer wechselnden Passagieren.

Weder Kabinen-Stewards noch Kellner werden für die Passagiere Freunde fürs Leben. Obwohl es auch hier in seltenen Fällen zu Ausnahmen kommen kann. Aber man sollte auch als Gast nicht zu persönlich oder gar aufdringlich werden, denn das nervt die Crew dann erst recht, weil sie sich auch dagegen nicht wehren kann. Denn schließlich muss die Besatzung immer freundlich bleiben, egal, was passiert ...

Die Passagiere sollten auch nicht vergessen, dass auch das Personal nur aus Menschen besteht. Menschen, die einen sehr harten Job für sehr wenig Geld machen. Die weit weg sind von ihren Familien, für die sie nur dank dieses Jobs sorgen können und die meistens aus sehr armen Ländern kommen. Es sind beispielsweise Familienväter aus Indien, die ihren Kindern eine gute Schulausbildung ermöglichen wollen, die dafür sechs

Monate am Stück auf dem Schiff arbeiten und ihre Kinder nur zweimal im Jahr zu sehen bekommen.

Mit Freundlichkeit und Verständnis erleichtert man nicht nur den Kabinen-Stewards oder Kellnern für eine Woche lang das Leben, sondern man erhält auch selbst einen besseren, engagierteren Service.

In einem Kreuzfahrt-Forum wurden Crew-Mitglieder gefragt, was sie an der Arbeit am meisten stört. Dabei stellte sich heraus, dass über 80 Prozent der Befragten angaben, sie seien genervt von unverschämten Passagieren.

Natürlich versteht jeder, dass der Gast König ist, und dies kann und muss auch so bleiben, immerhin sparen die meisten Gäste eine lange Zeit, um sich so einen Urlaub gönnen zu können. Aber wie so oft im Leben macht der Ton die Musik.

Mal ehrlich, wussten Sie, bevor Sie dieses Buch gelesen haben, dass ein Kellner auf Schiffen nur 50 Dollar Grundlohn bekommt und im Grunde nur durch Ihr Trinkgeld leben kann?

Warum, glauben Sie, werden denn Kreuzfahrten immer erschwinglicher? Natürlich, weil an den Löhnen gespart wird.

Und mal ehrlich, wir von der Besatzung sind keine Sklaven oder Personen, die ignoriert werden sollten. Wir sind da, um Ihnen einen angenehmen Urlaub zu ermöglichen und der wird umso netter, je netter *wir* behandelt werden.

Hier nun also meine Tipps, die nicht nur Ihnen die Reise verbessern, sondern auch der Crew das Leben erleichtern werden. Als Gegenleistung dafür behandeln wir Sie mit ehrlicher Freundlichkeit und mit einem Service, den Sie verdienen.

Der Kabinen-Steward, der jeden Tag Ihre Kabine reinigt und die Handtücher wechselt, freut sich immer über ein »Hello« oder ein »How are you?«. Jeder von ihnen besitzt ein gut zu erkennendes Namensschild, warum ihn also nicht mit Namen ansprechen? Diese Person wird jeden Tag während Ihrer Reise Ihre Kabine reinigen. Haben Sie ein paar Sonderwünsche und sind freundlich zu ihm, ist er dann bestimmt auch jederzeit bereit, Ihnen den Aufenthalt so schön wie möglich zu gestalten.

Wer den Stress seines Kabinen-Stewards ein wenig reduzieren möchte, sollte sich so benehmen, wie er es von zu Hause gewohnt ist. Oder schmeißen Sie daheim auch immer die nassen Handtücher auf den Boden und lassen Ihre dreckigen Sachen überall im Zimmer verteilt liegen?

Halten Sie doch mal einen kleinen Smalltalk mit Ihrem Kellner, nicht selten erfahren Sie so auch ein paar nette Geschichten aus der Rubrik »Klatsch und Tratsch«, die Sie sonst nie erfahren würden.

Der Musterdrill, die Alarmübung zu Beginn jeder Kreuzfahrt, ist so lästig wie die Schwimmwestenübung der Flugbegleiter im Flugzeug. Es nervt uns, wenn einige Leute diese Übung auf die leichte Schulter nehmen und ohne mit der Wimper zu zucken vor ihrem prall gefüllten Teller im Restaurant sitzen bleiben.

Auch ist es unverschämt, einfach in der Kabine zu bleiben und zu denken, dass wir es nicht merken. Einige Besatzungsmitglieder haben nämlich die Aufgabe, alle Kabinen abzulaufen, um genau diese Personen zu finden und auf den richtigen Weg zu geleiten. Legen Sie doch bitte das Telefon zur Seite und verzichten Sie einen kurzen Moment auf Ihren Cocktail an der Pool-Bar, das macht es der Crew leichter, diese ohnehin unangenehme, aber doch wichtige Übung schnell über die Bühne zu bringen.

Seien Sie pünktlich, denn umso schneller die Übung vorbei ist, umso besser für uns alle.

Für Sie mag es lästig sein, wenn der Bar-Steward am Pool Sie jede Viertelstunde fragt, ob Sie einen Drink möchten. Ein freundliches »Nein« ist immer noch besser als ein ignorierendes Wegblicken. Vergessen Sie nicht, dass er damit sein Geld verdient, er macht das nicht zum Vergnügen. Und übrigens, sich ein kostenloses Glas Wasser an den Liegestuhl bringen zu lassen, ohne dafür ein kleines Trinkgeld zu geben, sollte tabu sein. Kostenlose Getränke holt man sich selbst, es sei denn, man ist auf einer »All inclusive«-Kreuzfahrt.

Wo ein »Hand Sanitizer« steht, also ein Spender mit Desinfektionsmitteln zur Handreinigung, da sollte man ihn auch benutzen.

Die Crew ist dafür zuständig, die Passagiere zur Hygiene anzuhalten. Ignorieren Passagiere diese Bitte des Personals, muss sich das Crew-Mitglied bei seinem Vorgesetzten rechtfertigen, warum es nicht geklappt hat.

Egal, wie sinnvoll man die Desinfektion persönlich findet – man macht der Crew das Leben leichter, wenn man sie einfach benutzt, ohne viel darüber nachzudenken oder zu diskutieren. Denn letztlich leidet die Crew am meisten darunter, wenn Passagiere Noroviren einschleppen. Sie müssen dann nämlich Extra-Schichten machten, um das Problem wieder aus der Welt zu schaffen, und wie das abläuft, habe ich ja ausführlich geschildert.

Jeder macht mal Fehler und so auch wir als Besatzung. Rennen Sie nicht gleich zum Vorgesetzten, das schafft nur böses Blut für den Rest der Reise, auch wenn es die betroffene Person nie offen zeigen würde. Sprechen Sie die betreffende Person direkt an! Sieht derjenige es ein, wird er sich bestimmt entschuldigen und versuchen, es wieder gutzumachen.

Ist ein Handtuch schmutzig oder die Batterie in der Fernsehfernbedienung leer, reicht es in den meisten Fällen, den Kabinen-Steward darauf anzusprechen. Ohnehin wird er schneller Abhilfe schaffen als die Rezeption. Und der Steward muss sich für den Mangel nicht gleich bei seinem Chef rechtfertigen. Man darf nie vergessen, wir sind an sieben Tagen in der Woche für Sie da und es ist nicht immer leicht, zwischen Rettungsübungen und Arbeitsplatz herum zu jonglieren.

Man könnte diese Liste schier ins Unendliche weiter führen, aber mal Hand aufs Herz, reicht es nicht einfach, die Crew fair und freundlich zu behandeln?
 Sicher ist es das Recht jeden Gastes, jeden Service an Bord des Schiffes bis ins Kleinste zu nutzen. Was er auch soll, denn die Reise auf dem Schiff soll lange und angenehm in Erinnerung bleiben. Aber ein wenig Freundlichkeit dann und wann tut niemandem weh.

Nun sollte wirklich jeder einen kleinen, aber hoffentlich praktischen Einblick in das Leben auf den Superkreuzern dieser Meere bekommen haben und vielleicht erinnert man sich ja auch bei der nächsten Kreuzfahrt an diese oder jene Geschichte von mir. Nicht vergessen die Crew freut sich auf Sie!

Für alle unter Ihnen, die einmal auf einem dieser Ozeanriesen arbeiten möchte: Ich kann es nur empfehlen. Zwar sind nicht alle Tage rosig, aber am Ende erinnert man sich doch meistens an die guten Erfahrungen, und alles andere härtet einen eben ab.
 Sein wir doch mal ehrlich, der Beruf Koch oder Kellner ist nicht immer die beste Wahl, aber wenn man es richtig anstellt, ist es ohne Probleme möglich, die Welt zu sehen und dabei noch ein wenig Geld zu verdienen.
 Ob ich noch einmal auf ein Schiff gehen würde? Ich denke nicht, zumindest nicht als Teil der Besatzung. Ich muss aber gestehen, dass ich oft an die Zeit zurückdenke, mir alte Fotos

anschaue und mich erinnere, wie viel wir doch auf unseren Reisen erlebt haben. Momentan fühlen wir uns in unserer neuen Heimat Neuseeland sehr wohl, aber wer weiß schon, was die Zukunft noch bringt ...

An Board jedes Kreuzfahrtschiffes gibt es einige
Fotografen, deren Job es ist, den ganzen Tag
Fotos von den Gästen zu machen.
Diese Bilder werden an einer Wand ausgestellt
und jeder Gast hat die Möglichkeit
sich welche als Andenken zu kaufen.

Hier fragte mal ein Gast das Besatzungsmitglied:
»Woher weiß ich, welches Foto meins ist?«

Nun, diese Frage ist wirklich schwer
und jeder sollte die sich selber beantworten.

Rezepte from around the world

Die Liebe zum Beruf und eine gewisse Offenheit gegenüber der weiten Welt führten mich fast einmal um den Globus.

Begeistert von den vielen neuen Gerüchen und Gewürzen, versuchte ich, immer so viel Neues wie möglich zu probieren.

Einige dieser tollen Rezepte dürfen hier einfach nicht fehlen und sollen dazu anregen, sie einfach mal selbst nachzukochen.

Mit Absicht halte ich Abstand von hoch komplizierten Rezepten, die schwer umzusetzen sind.

Guten Appetit und viel Spaß beim Kochen, denn wie heißt es so schön:

»... satt kenn ich nicht, entweder ich habe Hunger oder mir ist schlecht!!«

Aprikosenchutney

In jeder Küche sollte ein Chutney vorhanden sein, ob nun für jede Art von Geflügel oder passend zum Käse.

Durch den hohen Anteil von Zucker und Essig ist Chutney auch noch sehr lange haltbar.

Zutaten:
- 1 kg Aprikosen
- 250 ml Wasser
- 150 ml Apfelessig
- 300 g Zucker
- 15 g frischer Ingwer
- 10 g zerdrückte Senfkörner
- 1 Pr. Salz

Zubereitung:
Die Aprikosen in gleichmäßige Schnitze zerschneiden.

In der Zwischenzeit das Wasser mit dem Essig, Zucker, dem in Streifen geschnittenen Ingwer und den zerdrückten Senfkörnern aufkochen.

Die Aprikosen dazugeben und nochmals aufkochen, danach sofort die Aprikosen wieder aus dem Fond nehmen.

Die Flüssigkeit einkochen, bis sich ein Sirup bildet.

Dann die Aprikosen wieder dazugeben und nochmals aufkochen und danach direkt in Gläser abfüllen.

Meine Lieblings-Brownies

An meine Zeit in Los Angeles werden immer wieder Erinnerungen geweckt. Nicht nur die Hamburger an jeder Ecke oder der »größer und mehr ist besser«-Wahn lösen das aus, sondern auch dieses Rezept, das ich gerne mit Ihnen teilen möchte.

Zutaten:

100	g	Butter
400	g	dunkle Kuvertüre
4		Eier
200	g	Zucker
1		frische Vanilleschote, halbiert und ausgeschabt
1	Pr.	Salz
200	g	Baumnüsse, grob gehackt
150	g	Mehl

Zubereitung:
Die Butter und die Kuvertüre zusammen über einem Wasserbad schmelzen.

Nebenbei die Eier, den Zucker, die Vanille und die Prise Salz schaumig schlagen, anschließend die Baumnüsse untermischen und die Butter-Kuvertüren Mischung dazugeben. Nun das Mehl nach und nach gesiebt unterheben. Diese recht dickflüssige Mischung in eine gefettete Backform geben, etwa bis zu fünf Zentimetern Höhe füllen und im vorgeheizten Ofen bei 180 Grad für 45 Minuten backen.

Gute Brownies sollten nach dem Abkühlen nicht zu trocken sein und in kleine Stücke geschnitten sind sie mit etwas Puderzucker bestäubt immer wieder ein Hit zum Kaffee oder als Snack für zwischendurch.

Hawaiian Ahi Poke

Meine fast sechzehn Monate in Hawaii habe ich in bester Erinnerung und Hawaii gehört mit zu den schönsten Orten, an denen ich gearbeitet habe. Auf der Insel tickt die Zeit einfach viel langsamer und wann und wo erlebt man schon, dass man morgens sechs Uhr zum Surfen ans Meer fährt und dann 14 Uhr mit der Arbeit anfängt? Für mich war die Zeit dort Luxus und Lifestyle pur.

Dieses Gericht gehört zu Hawaii wie der Rotkohl zu Deutschland und wird in den verschiedensten Varianten angeboten. Jedes Jahr wird auf Hawaii das beste »Poke«-Rezept gekürt.
Übersetzt steht »Ahi« für Thunfisch und »Poke« für Salat.
Wichtig bei diesem Rezept ist ohne jede Frage die Frische des Fisches, da er roh zubereitet und verzehrt wird.

Zutaten:
- 250 g frischer Yellow Fin Thunfisch
- 1 Frühlingslauch
- 2 EL Schalotten
- 50 g frische Ogo Seealgen, gefrorene gehen auch, da die frischen schwer zu bekommen sind
- 3 EL Sojasoße
- 1 EL Sesamöl
- 1 Pr. Meersalz

Zubereitung:
Den Thunfisch in gleichmäßige daumengroße Würfel schneiden, Frühlingslauch in Ringe schneiden und mit den in feine Würfel geschnittenen Schalotten in eine Schüssel geben. Alles mit den restlichen Zutaten vermengen und nach Belieben mit Meersalz abschmecken.

Cherry Pickles

Dieses Rezept ist mir in meiner neuen Heimat Neuseeland über den Weg gelaufen. Hier bei mir im Restaurant verwenden wir es mit unserem Hapuka, einem Tiefseefisch, der mit zu den beliebtesten Fischen in Neuseeland gehört.

Aber auch mit kalt aufgeschnittenem Schwein oder Rind ein Genuss.

Zutaten:

250	g	rote Zwiebeln, gewürfelt
15	g	rote Chili, grob geschnitten
1		Knoblauchzehe, gehackt
10	g	Ingwer, gehackt
35	g	schwarze Senfkörner
60	ml	Öl (bitte kein Olivenöl!)
160	g	Zucker
160	ml	Mirin (Reiswein)
330	ml	Reisweinessig
1	kg	Kirschen, entsteint

Zubereitung:

Zwiebeln, Chili, Knoblauch, Ingwer und Senfkörner im Öl anschwitzen. Den Zucker dazugeben und, je nach Vorliebe, leicht oder stark karamellisieren lassen, dann den Mirin und Reisessig dazugeben und auf ein Drittel einreduzieren. Die Kirschen dazugeben und wieder alles reduzieren, bis kaum noch Flüssigkeit vorhanden ist.

Alles in einen Mixer geben und kräftig auf den Powerknopf drücken, danach durch ein Sieb streichen.

Linsen einmal anders

Wer so gerne Linsen mag wie ich, steht bestimmt auch auf diese Version, die ich hier in Neuseeland für unsere Fischgerichte verwende. Der Clou ist die frische Vanille und Konbu, ein essbarer Seetang, der beim Kochen eine besondere Note gibt.

Zutaten:

1		Zwiebel, gewürfelt
1		Knoblauchzehe, gehackt
1		Karotte, gewürfelt
1		Stangensellerie (gleiche Menge wie Karotten, gewürfelt)
60	ml	Öl
2	l	Fischstock
1		Vanilleschote, halbiert
10	g	Konbu (auch im Asia-Shop erhältlich)
20	g	Dashi (als Pulver im Asia-Shop zu bekommen)
1	kg	Linsen (Puy-Linsen schmecken am besten)
		Salz und Pfeffer zum Abschmecken

Zubereitung:

Zwiebeln, Knoblauch und Gemüse in etwas Öl andünsten. Fischstock, Vanille, Konbu, Dashi und die Linsen dazugeben. Etwa 30 Minuten köcheln lassen, bis die Linsen, je nach Vorliebe, gekocht sind. Mit Salz und Pfeffer abschmecken, restliche Flüssigkeit kann abgegossen werden.

Masterstock

Ein vielseitiger Fond, der in keiner Küche fehlen darf. Er ist leicht herzustellen und kann über längere Zeit verwendet werden, da er nach Gebrauch eingefroren werden kann. Ich verwende ihn zum Kochen der Schweinerippen oder auch des Schweinebauchs und jede Art von Hühnchen bekommt so einen besonderen Schliff. Dazu einfach das Fleisch oder Hühnchen in dem Sud gar kochen und weiterverarbeiten.

Masterstock ist ein wichtiger Bestandteil in der asiatischen Küche und findet auch langsam den Sprung in unsere Küchen; auf jeden Fall nun schon mal in Ihre Küche.

Zutaten:

3	l	Wasser
250	ml	Sojasoße
500	ml	Shao Xing Wine (chinesischer Kochwein)
200	g	brauner Zucker
40	g	Ingwer
5		Knoblauchzehen
2		Zimtstangen
3		Kardamom
1		unbehandelte Mandarinenschale
1		Gewürzbeutelmischung bestehend aus: 4 Nelken, 4 Stern-Anis, 1 TL Sechuan-Pfeffer, 1 TL Lakritze, 1 TL getrockneter Chili, 1 TL Kreuzkümmel und 1 TL Fenchelsamen

Zubereitung:

Alle Zutaten für etwa 10-15 Minuten in einen Topf geben und köcheln lassen. Über Nacht alles abkühlen lassen, damit alle Geschmacksstoffe in den Sud übergehen. Passieren und nach Gebrauch verwenden oder einfrieren.

Tomaten-Salsa

Ob nun für den Snack am Abend oder auch für ein paar leckere Tortilla-Wraps, diese Salsa ist einfach und extrem schnell zu machen, da sie kein Kochen benötigt. Dazu ist sie auch noch billiger als die Gläser, die im Regal bei den Kartoffelchips im Supermarkt stehen.

Zutaten:
1	Ds.	geschälte Tomaten (etwa 300g)
40	g	Zwiebeln, geschält und grob geschnitten
1		Knoblauchzehe
10	g	Ingwer, geschält
1		Chili, frisch zu verwenden je nach Vorliebe
1	EL	Koriander, fein geschnitten
		Zucker, Salz und Pfeffer zum Abschmecken

Zubereitung:
Alle Zutaten außer dem Koriander in einen Behälter geben, mit dem Mixstab kurz grob durchmixen, nicht zu fein, es sollten noch genügend Stücke vorhanden sein. Koriander dazu und nach Belieben abschmecken. Im Kühlschrank ohne Probleme drei Tage haltbar, danach entwickelt die Zwiebel einen leicht bitteren Geschmack.

Carrot & Kumara Cake
(Karotten- und Süßkartoffel-Kuchen)

Auf einem unserer Kurztrips hier in Neuseeland stießen wir bei einer Tasse Kaffee auf eine wirklich ungewöhnliche Kuchenkreation. Von Karotten-Kuchen habe ich ja schon gehört, aber dazu noch Süßkartoffel hielt ich für recht ungewöhnlich und war erstaunt, wie lecker diese Variante doch ist. Von einem einheimischen Freund bekam ich nun ein dieses leckere Rezept dafür.

Zutaten:

6		Eier
240	ml	Rapsöl
560	g	Mehl
380	g	Zucker
1	TL	Zimt
6	TL	Backpulver
300	g	geraspelte Karotten
180	g	geraspelte rohe Süßkartoffel
180	g	gehackte Walnüsse
2	TL	geraspelte Orangenschale

Für die Glasur:

60	g	Frischkäse
2	EL	weiche Butter
200	g	Puderzucker
1	TL	Zitronenschale, geraspelt
		Zitronensaft, nach Belieben

Zubereitung:

Ofen auf 180 Grad vorheizen, dann Eier schaumig schlagen und mit dem Öl vermengen. Mehl, Zucker, Zimt und Backpulver in die Eier-Öl-Mischung untermengen.

Karotten, Süßkartoffel, Walnüsse und Orangenschale vernünftig darunter mengen. Alles in eine Backform mit etwa 20 Zentimetern Durchmesser füllen und 40 Min. backen. Der Kuchen wird sehr saftig durch das Öl, also nicht wundern und nicht vergleichen mit einem Rührkuchen.

Nun aber den Kuchen abkühlen lassen und die Glasur vorbereiten, dazu Frischkäse und Butter schaumig schlagen mit Puderzucker und Zitronenschale vermischen und nach Belieben mit frischem Zitronensaft abschmecken. Nachdem der Kuchen abgekühlt ist, reichlich mit der Glasur überziehen und genießen.

Ingwer-Limonade

Der Sommer hier bei uns in Neuseeland ist überwiegend heiß, insbesondere, wenn die Sonne mit den Muskeln spielt. Die richtige Abkühlung für Geist und Seele ist dann das Wichtigste. Am liebsten genieße ich ein Gingerbeer (Ingwer-Bier), was in Deutschland leider nicht überall zu finden ist.

Aber man kann sich so ein Getränk auch schnell selbst herstellen.

Dazu hier ein Rezept für eine wirklich einfache, aber erfrischende Limonade, die eisgekühlt am besten schmeckt.

Zutaten:

140	g	frischer Ingwer
3		Zitronen, unbehandelt
4	EL	brauner Zucker
		frische Minze
1	l	Mineralwasser mit Kohlensäure

Zubereitung:

Ingwer grob reiben, Zitronen schälen und halbieren. In eine Schüssel geben und gut zerstampfen, mit Zucker, Minze und Mineralwasser vermischen und ziehen lassen. Nun mit ein paar Eiswürfeln genießen.

Pacific Style Ceviche

Als ich vor einigen Jahren nach Neuseeland gezogen bin, arbeite ich als Sous-Chef in einem kleinen, aber feinen »Relais & Châteaux«-Hotel im Zentrum Aucklands. Bei einer Dinner-Veranstaltung stellten wir aus rohem Fisch und Kokosmilch ein wirklich einfaches, aber leckeres Gericht her.

Als Kanapée-Version servierten wir es in kleinen Porzellan-Löffeln, garniert mit Wasabi Tobiko Caviar, was mit Wasabi eingefärbter Rogen vom fliegenden Fisch ist.

Da es sehr leicht nachzumachen ist, wäre es geradezu perfekt für die nächste Gartenparty oder als kleine Vorspeise.

Zutaten:

500	g	frischer Snapper
2		Zitronen
100	ml	Kokosmilch, ungesüßt
2	TL	rote Zwiebel, fein gewürfelt aber nicht gehackt
1	EL	Koriander, fein geschnitten
1	TL	frische rote Chilischote
1	Pr.	Meersalz
		Zitronensaft, nach Belieben

Zubereitung:

Den Snapper von allen Gräten und der Haut befreien und in kleine Würfel schneiden. Die Zitronen ausdrücken, mit dem Fisch vermengen und für mindestens fünf Stunden im Kühlschrank ruhen lassen.

Nun mit der Kokosmilch und den Zwiebelwürfeln vermengen. Den Koriander und die fein gewürfelten Chili nach Belieben untermengen und mit Meersalz abschmecken. Nach Vorliebe kann auch noch etwas Zitronensaft beigefügt werden, ich hab es ganz gerne mit ein wenig Säure, das verleiht dem Salat ein wenig Frische.

Banana-Ketchup

Bei uns hier im Restaurant in Neuseeland hatten wie eines Tages einen guten Freund zum Essen. Seiner Leidenschaft für Bananen bewusst, kreierten wir aus Gag ein dreigängiges Menü mit dem Hauptbestandteil Banane.

Diese Gänge schoben wir dann zwischen die Gänge, die er bestellt hatte, ein. Seine Freude war so groß, dass er sogar am nächsten Tag noch einmal im Hotel anrief, um sich zu bedanken. Bei einem von den Gerichten verwendete Lance, mein Kollege, einen Bananen-Ketchup, den er selber gemacht hatte.

Da ich so von dem Geschmack und der Idee begeistert war, soll dieses Rezept hier nicht fehlen.

Zutaten:

1		Zwiebel, gewürfelt
60	ml	Öl
1	TL	Kurkuma
1	TL	Kreuzkümmel (nicht zu verwechseln mit Kümmel)
1	TL	Senfkörner, gelb
5		Nelken
1		Kardamom
1	TL	Zimt
2		Knoblauchzehen
150	g	Zucker
100	ml	Reisweinessig
2	EL	grober Dijonsenf
1	kg	braune Bananen, Druckstellen sind kein Problem
1	EL	Koriander
		Salz, nach Belieben

Zubereitung:
Zwiebel in etwas Öl anschwitzen, alle Trockengewürze dazugeben und noch mal leicht anschwitzen. Knoblauch geschält dazugeben, Zucker beimengen und mit Essig ablöschen, nun bis auf den Koriander alles beimengen, Bananen natürlich zuvor schälen und kräftig einkochen lassen, bis ein Brei entsteht. Zum Schluss etwas Koriander dazugeben und alles gut mit dem Mixer bearbeiten. Mit Salz nach Belieben abschmecken.

Der Ketchup ist vielfach verwendbar und einfach köstlich als Brotaufstrich oder als Dip.

Danke sage ich ...

Meinen Eltern, die mich immer mit Tränen in den Augen zum Flughafen oder Bahnhof brachten und mich mit einem Lachen wieder abholten. Die eine Ewigkeit auf Briefe hofften und mir trotzdem regelmäßig Pakete in alle Welt schickten.

Meiner Lebenspartnerin **Marleen**, die in den letzten Jahren alle Hürden gemeinsam mit mir meisterte und mir half, viele dieser Geschichten wieder in Erinnerung zu rufen.

Vor allem aber der hart arbeitenden **Crew**, die weltweit auf den Ozeanriesen dafür sorgt, dass es den Passagieren an nichts fehlt.

»Damit die Menschen bei ihrer Arbeit glücklicher sind,
bedarf es dieser drei Dinge:
Sie müssen fit für die Arbeit sein.
Sie dürfen nicht zu viel arbeiten.
Sie müssen ein Erfolgsgefühl daraus ziehen können.«
(John Ruskin, 1851)

www.piepmatz-verlag.de

– *Anthologie* –
LeseBlüten Band 4
Über Grenzen 2011
Spezial »50 Jahre Mauerbau«

ISBN: 978-3-942786-09-6
Umfang: 64 Seiten, broschiert
Erscheinungstermin: August 2011

Bestellungen über den Verlag sind innerhalb Deutschlands versandkostenfrei und beinhalten ein Lesezeichen pro Buch gratis!

LeseBlüten Über Grenzen 2011
Spezial: 50 Jahre Mauerbau – eine Anthologie

Diese Sammlung umfasst 11 Kurzgeschichten von 11 Autoren aus ganz Deutschland.

50 Jahre ist es nun her, da trennte plötzlich eine Mauer in Deutschland Familien und Freunde voneinander. In dieser Kurzgeschichtensammlung erzählen die Autoren von der Zeit während und nach dem Mauerbau – aus Ost- und Westsicht – positiv wie negativ – selbst erlebt oder frei erfunden.

Ein Besuch bei der Tante in der DDR aus Sicht eines Kindes, ein Weststaubsauger, der erst mit der Ostbürste richtig gut saugt, zuckersüße Liebeserinnerungen an Sascha, eine schmerzhafte Trennung bester Freundinnen, ein eingemauerter Brief an die Liebsten auf der anderen Seite der Mauer ...

Ein Buch nicht nur für Zeitzeugen und Historiker!

Folgende Autoren sind in der »Über Grenzen« enthalten:

Lorenz-Peter Andresen, Ute Gudat, Manuela Inusa, Sinje Blumenstein, Tina Birgitta Lauffer, Christina Mettge, Rainer Pick, Nicole Schröter, Ernst-Michael Schwarz, Sabine Weinspach, Sandra Vogel

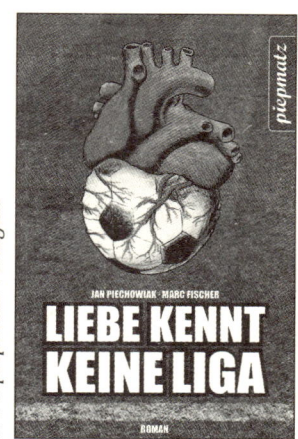

www.piepmatz-verlag.de

– *Roman* –
Liebe kennt keine Liga
Jan Piechowiak • Marc Fischer

ISBN: 978-3-942786-03-4
Umfang: 112 Seiten, broschiert
Erscheinungstermin: 12. Mai 2011

Bestellungen über den Verlag sind innerhalb Deutschlands versandkostenfrei und beinhalten ein Lesezeichen pro Buch gratis!

Nicht nur für Männer, die das runde Leder lieben ...
Ein verärgerter Trainer, eine Fehde zwischen neuem und altem Kapitän, ein portugiesischer Torjäger, der den schönen Ladys mehr Aufmerksamkeit schenkt als dem Ball, ein überehrgeiziger Fußballvater und obendrauf jede Menge Stress auf der Arbeit und Beziehungstrouble: Beim TuS Langen-Hafer startet die neue Saison mit allerhand Problemen abseits des Fußballplatzes. Keine guten Voraussetzungen für den Klassenerhalt, geschweige denn den Aufstieg.
Doch Fußball wäre nicht Fußball, wenn er nicht so manche Überraschung parat hielte ...

»Liebe kennt keine Liga« ist das Erstlingswerk der beiden Hamburger Jungautoren Jan Piechowiak und Marc Fischer.

Mehr über die Autoren:
www.piepmatz-verlag.de

– Anzeige –
piepmatz Design
Das Grafik-Büro des piepmatz Verlags

Euch gefallen die Cover und der Buchsatz der Bücher des piepmatz Verlages? Ihr benötigt selber die Gestaltung eines Logos, einer Visitenkarte, eines Briefbogens, eines Flyers, einer Website, eines Buches ...?
piepmatz Verlag hat noch eine kleine Schwester, die das alles kann – piepmatz Design ist seit 2010 für Privat- und Geschäftskunden tätig.

Referenzen unter: ***www.piepmatz-design.de***

Nur bei Bestellung über den Verlag:

- **versandkostenfrei innerhalb Deutschlands!**
- **ein gratis Lesezeichen zu jedem Buch!**

Jetzt online bestellen:
www.piepmatz-verlag.de